高等职业教育城市轨道交通专业系列教材

CHENGSHI GUIDAO JIAOTONG
ZIDONG SHOUJIANPIAO XITONG

城市轨道交通自动售检票系统

西安交通大学出版社
XI'AN JIAOTONG UNIVERSITY PRESS

主　编　吕　蒙　郭瑞丽* 张玉芳
副主编　李红亮* 张　成* 乔龙图　牛晨旭
参　编　朱明俊* 肖　伟　路睿达* 吴永朋* 党召军*
主　审　巩　奇*

（注：标注有*的人员为郑州地铁集团有限公司运营分公司专家）

图书在版编目(CIP)数据

城市轨道交通自动售检票系统/吕蒙,郭瑞丽,张玉芳主编. ——西安:西安交通大学出版社,2022.12
 ISBN 978-7-5693-2899-8

Ⅰ.①城… Ⅱ.①吕… ②郭… ③张… Ⅲ.①城市铁路-旅客运输-售票-铁路自动化系统-高等职业教育-教材 Ⅳ.①U293.22

中国版本图书馆 CIP 数据核字(2022)第 218236 号

Chengshi Guidao Jiaotong Zidong Shoujianpiao Xitong

书　　名	城市轨道交通自动售检票系统
主　　编	吕　蒙　郭瑞丽　张玉芳
策划编辑	杨　瑶　曹　昳
责任编辑	张　欣　杨　瑶
责任校对	柳　晨
出版发行	西安交通大学出版社 (西安市兴庆南路 1 号　邮政编码 710048)
网　　址	http://www.xjtupress.com
电　　话	(029)82668357　82667874(市场营销中心) (029)82668315(总编办)
传　　真	(029)82668280
印　　刷	西安五星印刷有限公司
开　　本	787 mm×1092 mm　1/16　印张 16.5　字数 379 千字
版次印次	2022 年 12 月第 1 版　2022 年 12 月第 1 次印刷
书　　号	ISBN 978-7-5693-2899-8
定　　价	49.60 元

如发现印装质量问题,请与本社市场营销中心联系。
订购热线:(029)82665248　(029)82667874
投稿热线:(029)82668804
读者信箱:phoe@qq.com

版权所有　侵权必究

前言

党的二十大报告提出："坚持把发展经济的着力点放在实体经济上，推进新型工业化，加快建设制造强国、质量强国、航天强国、交通强国、网络强国、数字中国。"《数字交通"十四五"发展规划》明确提出交通要全方位向"数"融合。我国面临全球最大规模、最复杂的交通需求，发展城市轨道交通是我国社会城镇化进程中解决城市交通问题的高效方法，"互联网＋交通运输"的运用，极大地提高了城市轨道交通乘客出行的便捷性和出行体验。近年来，城市轨道交通自动售检票系统技术发展迅猛，在传统技术的基础上将人工智能、大数据、云技术、物联网技术等先进技术融入系统架构，全流程电子客票、人脸识别和扫码进出站、基于云技术的中央系统架构、基于大数据处理的智能运维解决方案、高效便捷的标准化系统开发与部署，正在越来越多地应用于城市轨道交通建设项目。

自动售检票系统是城市轨道交通的重要组成部分，同时也是直接面向乘客的主要系统之一，直接影响乘客购票、过闸等乘车体验。为满足我国各大城市轨道交通蓬勃发展对自动售检票系统维护技术人才的需要，特组织编写本书，以满足各大院校和相关企事业单位培养城市轨道交通自动售检票系统相关人才的需要。

本书内容包括城市轨道交通自动售检票系统概述、自动售检票系统基础知识、城市轨道交通票卡、自动售检票系统车站级设备、自动售检票线网系统、自动售检票系统常见故障案例、自动售检票系统巡检作业、常用检修工器具和自动售检票系统实训，内容紧贴自动售检票系统的发展前沿技术，特别融入了自动售检票系统线网系统和标准化发展等行业前沿内容，大量的图表资源来源于地铁公司一线现场，实操实训项目也紧贴现场巡视和检修规程。本书还配套开发了微课视频、实操视频及动画等数字教学资源，为读者的学习提供方便。本书可作为城市轨道交通机电技术专业及相关专业的专业教材，也可作为地铁公司自动售检票、城轨机电及自动化检修岗位培训教材。

本书由郑州铁路职业技术学院和郑州地铁集团有限公司校企合作共同编写，校企在课程资源共建共享、技术互通融合方面有着深厚的合作基础。本书由吕蒙、郭瑞丽、张玉芳担任主编，负责全书统稿；由李红亮、张成、乔龙图、牛晨旭担任副主编，由巩奇担任主审。其中吕蒙负责编写项目四、项目五,张玉芳负责编写项目一、项目三,郭瑞丽负责编写项目六,乔龙图负责编写项目二,牛晨旭负责编写项目八、项目九,张成、李红亮负责编写项目七。本书在编写过程中,得到郑州地铁集团有限公司的大力支持,张成、李红亮、朱明俊、肖伟、路睿达、吴永朋、党召军等在教材的编写中参与校企合作沟通、教材规划、图片搜集、资料整理及视频录制等工作,在此对他们的辛苦付出表示感谢!

由于城市轨道交通自动售检票技术发展快、技术新,资料收集齐全较为困难,加之编写人员技术水平和实践经验的局限性,书中不足之处在所难免,敬请广大读者不吝赐教,提出宝贵意见。

编　者
2022年10月

目 录

项目一　城市轨道交通自动售检票系统概述 ………………………………（ 1 ）
　任务一　自动售检票系统简介及功能 …………………………………（ 4 ）
　任务二　自动售检票系统基本工作流程 ………………………………（ 8 ）
　任务三　自动售检票系统发展历程与发展趋势 ………………………（ 12 ）

项目二　自动售检票系统基础知识 …………………………………………（ 21 ）
　任务一　自动售检票系统的基本架构 …………………………………（ 24 ）
　任务二　自动售检票系统的运营模式 …………………………………（ 29 ）
　任务三　自动售检票系统计算机技术基础 ……………………………（ 33 ）
　任务四　自动售检票系统网络基础 ……………………………………（ 47 ）
　任务五　自动售检票系统标准化发展趋势 ……………………………（ 67 ）

项目三　城市轨道交通票卡 …………………………………………………（ 71 ）
　任务一　城市轨道交通票卡发展历程 …………………………………（ 73 ）
　任务二　城市轨道交通票卡种类 ………………………………………（ 76 ）
　任务三　城市轨道交通票卡的发行与使用 ……………………………（ 93 ）
　任务四　城市轨道交通票卡的管理 ……………………………………（ 98 ）

项目四　自动售检票系统车站级设备 ………………………………………（101）
　任务一　车站供电设备 …………………………………………………（102）
　任务二　车站紧急系统 …………………………………………………（113）
　任务三　车站终端设备 …………………………………………………（116）
　任务四　车站计算机系统 ………………………………………………（160）

项目五　自动售检票线网系统 ………………………………………………（169）

任务一　自动售检票清分系统 …………………………………………（171）
　　任务二　自动售检票线路计算机系统 …………………………………（175）
　　任务三　ANCC 系统 ……………………………………………………（179）
　　任务四　智能乘车平台 …………………………………………………（183）

项目六　自动售检票系统常见故障案例 ………………………………（187）
　　任务一　AFC 故障概述 …………………………………………………（189）
　　任务二　供电系统故障案例 ……………………………………………（190）
　　任务三　紧急系统故障案例 ……………………………………………（191）
　　任务四　终端设备故障案例一 …………………………………………（192）
　　任务五　终端设备故障案例二 …………………………………………（193）

项目七　自动售检票系统巡检作业 ……………………………………（195）
　　任务一　车站终端设备日常巡检作业 …………………………………（198）
　　任务二　车站机房设备巡检作业 ………………………………………（212）
　　任务三　线网系统巡检作业 ……………………………………………（214）

项目八　常用检修工器具 ………………………………………………（231）
　　任务一　基本工具 ………………………………………………………（234）
　　任务二　仪器仪表 ………………………………………………………（235）

项目九　自动售检票系统实训 …………………………………………（247）
　　实训任务一　车站终端设备认知 ………………………………………（249）
　　实训任务二　自动售票机结构认知 ……………………………………（250）
　　实训任务三　自动检票机结构认知 ……………………………………（251）
　　实训任务四　紧急系统应急演练 ………………………………………（252）
　　实训任务五　紧急系统故障处理 ………………………………………（253）
　　实训任务六　扇门模块拆装与调试 ……………………………………（254）

附录一　术语与缩写解释 ………………………………………………（255）

项目一
城市轨道交通自动售检票系统概述

项目概述

国内城市轨道交通大发展促进了自动售检票系统技术的发展。本项目介绍了自动售检票系统发展的背景、概况,以及该技术的发展历程和发展方向。通过学习本项目,可以对自动售检票系统有一个基本的认知,了解自动售检票系统的功能、工作流程及发展历程与趋势。

学习目标

1. 知识目标
(1)了解自动售检票系统发展的背景。
(2)熟悉自动售检票系统的概况。
(3)了解自动售检票系统的发展历程。
(4)了解自动售检票系统技术发展的方向。
2. 能力目标
(1)能够描述自动售检票系统的功能。
(2)理解自动售检票系统的基本工作流程。
3. 素质目标
(1)培养崇德尚能、诚实守信、爱岗敬业、精益求精的工匠精神。
(2)增强民族自尊心和自豪感。

城市轨道交通**自动售检票系统**

知识体系

城市轨道交通自动售检票系统概述 ── 自动售检票系统简介及功能
　　　　　　　　　　　　　　　├ 自动售检票系统基本工作流程
　　　　　　　　　　　　　　　└ 自动售检票系统发展历程发展趋势

思政课堂

建在大数据上的郑州地铁

随着城市轨道交通飞速发展,郑州地铁的信息化建设和数字化转型也走上了"快车道"。2020年,郑州地铁在官网的"招标/比选公告"模块中一共发布了10余次信息化建设的相关采购信息,包括信号系统、监控系统、通信系统、存储扩容等。

据悉,目前郑州地铁的信息化团队分为集团信息管理部和运营分公司信息管理部两级架构。两级信息管理部门都处于公司整体规划之下,所有信息化建设先进行顶层统筹设计,避免重复建设,然后分步骤、分阶段建设。在前几年的信息化建设中,信息管理部已经针对管理领域各业务系统建成了一套管理平台。郑州地铁信息部管理部副部长表示:"我们内部称其为一体化信息管理平台,为什么叫一体化呢?它包含了两个意思,一是针对全局性的系统,我们来统筹,一竿子到底,横向到边,纵向到各个单位;二是打破壁垒,避免出现系统孤岛。"

目前郑州地铁的信息化建设和数字化转型总共涉及了40多个系统,覆盖了大部分的主营业务,包括人、事、财务、合同等企业管理系统和运营生产系统。在转型之前,郑州地铁面临的主要问题是业务部门数量多、业务复杂、数据孤岛情况严重、管理难度高等。

"换乘难"几乎是所有地铁运营管理的难题,也是乘客非常关注的热点问题。据了解,郑州的人口超过了千万,地铁的日均客流量150多万,高峰期会突破200万,如何快速、安全、准确地将这些乘客送到目的地呢?

为了准确了解客流情况,郑州地铁每条路线都上线了售检票系统,系统顶层设计了大脑用来清分结算。乘客从进站到出站算是一笔完整的交易,需要计算出票价以及整个进出站过程的流向,每天的计算量非常大。之前,郑州地铁使用的Oracle数据库,由于数据量庞大,运算方式消耗资源,需要几个小时才能计算完成,经常是后半夜才能拿到报表。现在,利用大数据平台,将原先很大的数据库切分成小块的数据库,同时计算并汇总结果,报表完成时间缩短到了几分钟。

除此之外,郑州地铁已经有七条线路实现了网络化运营,借助大数据可以更好地完成客流应急处理。当某个站点出现故障或者应急，周边的其他站点可能会受到波及。那么何时出现的异常，波及范围有多大……之前，这些结果都是靠大家的经验预测，现在可以在经验的基础上应用大数据。郑州地铁将客流交易数据、乘客交易数据、当天出现的关键事件(例如球赛、展会)以及天气情况等数据收集起来，汇总到基于历史客流的算法模型中，利用人工智能的方法做出判断，甚至可以在大型活动举办之前做出预判，提前调配站务人员。

郑州地铁运营分公司站务中心副主任表示："事实上，从2013年开通以来，在每次大客流之前，我们都会做客运组织。但是这件事情会面临一个难点，就是当某个站点发生大客流时，我们无法准确判断客流是从哪个地方过来。尤其是现在，郑州地铁有十几个换乘站，乘客的多线路选择对客流组织的影响很大。"

郑州地铁智能客流分析预测系统采用了容器云平台和大数据平台。其中，容器云平台提供了容器云基础资源，大数据平台提供数据接入、存储、分析能力。

智能客流分析预测系统上线以后，可以精准通过系统数据看到车站的主要客流流向，包括客流到达点。我们可以据此从乘客始发车站或者沿途车站进行精准地客流控制，在满足整体车站布局、车站的容纳度及列车车厢运能的基础上，最大限度地减少大客流期间对乘客出行的影响。客流信息主要是从两个方面获得：一是票务系统，乘客进出站是需要购票的，根据购票情况可以判断哪个时间段、哪个站点的客流量很大；二是进站系统，车站有一套完整的客流预测体系，内部会设置一个阈值，一旦达到，就会启动相应的客流控制。

城市轨道交通**自动售检票系统**

任务一 自动售检票系统简介及功能

交通运输对社会的发展具有深远的影响，它改变了人类的生活方式，并带动了区域经济的发展。而交通运输的重要组成部分——轨道交通则是其中的重要环节。高效、畅通的轨道交通是我国交通运输业发展规划的重要内容。

城市轨道交通是指具有固定线路、铺设固定轨道、配备运输车辆及服务设施等的城市交通设施。城市轨道交通是一个范围外延很大的概念，在国际上没有统一的定义。一般而言，广义的城市轨道交通包括城市铁路、有轨电车、地下铁道、轻轨交通、磁悬浮轨道交通等，是一个复杂而庞大的交通系统；狭义的城市轨道交通特指地下铁道、轻轨系统。

近年来，随着我国经济的发展以及城市化的推进，地铁正在从一二线城市推向三线城市。截至2021年12月31日，中国内地累计有50个城市投运城轨交通线路9192.62公里，其中地铁7253.73公里，占比78.9%。2021年当年新增洛阳、嘉兴、绍兴、文山州、芜湖5个城轨交通运营城市。全国城轨运营里程累计达8677公里，2021年新增城轨里程达1164公里。其中，全国累计地铁里程超过7525公里，2021年新增949公里，地铁在城轨诸多制式中占比近90%。

2021年当年共计新增城轨交通运营线路长度1222.92公里。新增运营线路39条，新开既有线路的延伸段、后通段23段。新增1222.92公里的城轨交通运营线路共涉及8种制式，其中，地铁971.93公里，占比79.48%；市域快轨133.15公里、跨座式单轨46.31公里、有轨电车38.73公里、导轨式胶轮系统15.4公里、电子导向胶轮系统14.0公里、轻轨2.2公里、磁浮交通1.2公里。城市轨道交通运营基本情况汇总如表1-1-1所示。

表1-1-1 城市轨道交通运营基本情况汇总表

项目	单位	数量
累计开通城市	个	43
累计运营线路	条	257
累计运营里程	公里	8677
2021年度新增里程	公里	1164
累计运营车站	座	5321
2021年度新增车站	座	711

由此可见，2021年，我国轨道交通行业发展又向前跨出了一大步。经过50年的努力，我国已成为轨道交通建设和运营的大国。

知识单元一 自动售检票系统简介

自动售检票（Automatic Fare Collection System，AFC）系统是一个基于计算机技术、网络技术、现代通信技术、自动控制技术、非接触式 IC 卡技术、大型数据库技术、机电一体化技术、传感技术、精密机械技术等多项高新技术于一体，实现购票、检票、计费、收费、统计全过程的自动化系统，主要由清分中心系统、线路中央计算机系统、车站计算机系统、车站 AFC 设备及车票组成。随着互联网的发展，五层架构逐渐向四层、三层架构转化，自动售检票系统架构图如图 1-1-1 所示，图 1-1-2 为各层之间的数据交互图。

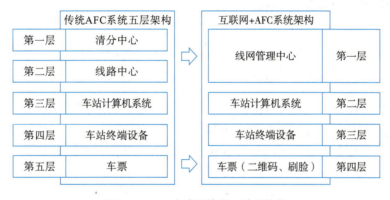

图 1-1-1 自动售检票系统架构图

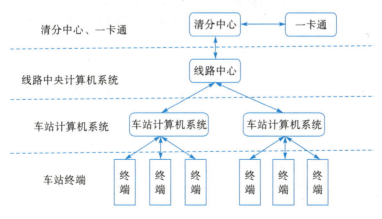

图 1-1-2 AFC 系统架构间的数据交互图

国外经济发达城市的轨道交通，已普遍采用了这种管理系统。我国城市轨道交通车站的自动售检票设备，最初来自国外，近年来我国已进行了大量的开发研制工作，提出了多种形式的产品，技术水平也在不断提高。国内轨道交通 AFC 系统的发展经历了从无到有的过程，随着计算机技术和软件技术的发展，我国城市轨道交通 AFC 的技术已与城市一卡通接轨,实现城市内甚至城市间的一卡通。

知识单元二　自动售检票系统功能

　　基于城市轨道交通自动售检票系统采用的各项高科技技术,使得售检票服务更加趋于自动化,降低了企业的人力、物力资源,并且为乘客在整个售检票体验过程中提供了高效、便捷的服务,而且可以有效防止各种假票、逃票现象的发生。同时,各种监控设备的启用,方便了实时对终端设备工作状态的检测与管理,提高了设备的工作效率。另外,自动售检票系统中交易数据的实时保存,可以实现所有统计与结算的自动化管理,快速准确地得到所有票务信息,给科学决策及规范管理提供了依据。

　　自动售检票系统具有以下优点:

1. 人性化

　　自动售检票系统为乘客设置符合人体工程学的售票机和检票机,方便乘客的购票和检票过程,同时提供符合地方特色的操作方式。

2. 客流导向

　　自动售检票系统可方便地实现乘车路径和优惠票价管理,可以通过票价设定来为乘客提供导向性服务,实现柔性引导乘客自主对出行路径或时段的选择,合理调整客流分布。

3. 社会效益

　　一方面可通过自动售检票系统形成对区域交通客流状况的调整,对设备生活产生影响;另一方面可通过自动化的设施影响人们的行为模式,规范管理模式,防止客服票务工作中的舞弊行为。

4. 提供信息支持

　　自动售检票系统能够提供客流量、票务收入等统计信息,为轨道交通的运营、规划和管理决策提供信息支持。

5. 提高运行效率

　　轨道交通运营单位可根据自动售检票系统的客流信息及时调整运行组织,合理安排运能,提高运行效率。

6. 强化安全管理

　　借助自动售检票系统付费区的封闭条件,可对乘客在车站内的行为进行管理。在紧急情况下,可通过闸机的禁止和方形措施疏导人群,实现安全管理。

7. 提升形象

　　通过自动售检票系统,增加了轨道交通与乘客的操作交互性和乘客的主动性,良好的应用效果可以提升运营企业和所在地的形象。

自动售检票系统具有以下功能：

1) 售检票服务自动化，降低企业人工成本

轨道交通应用自动售检票系统后，车票售检、运费计价及客流统计均由系统自动完成。自动化售检票设备取代了传统的人工工作，从而节省了人工成本，提高了人员利用率。

2) 为灵活机动的系统设备监控管理服务提供支撑

自动售检票系统对各个终端设备实行自动化的监测与管理。其中线路中心计算机系统、车站计算机系统不仅可以对设备的运行状态和通信状态进行实时监控，还可以将采集到的各种设备数据和客流数据进行及时、准确、全面地统计分析，从而为科学合理地制订运输计划提供了可靠的依据。

3) 为乘客提供高效便捷的售检票服务

高效的自动售检票设备，不仅为乘客提供方便快捷的售检票服务，还有助于提高服务效率。使车站客流的疏散不仅快速而且井然有序，同时降低了逃票率，保障了地铁公司的票务收益。

4) 为经济高效的维修维护管理工作提供支撑

层次化、模块化设计，方便了维修资源以及维修管理系统的充分利用，并能实现反应快、修复快的效果。

5) 为票务政策、运营调控、市场营销等提供科学决策支撑

准确的客流及票务统计分析数据，通过乘客进、出站刷卡，可以精确记录乘客乘车的起、终点，准确掌握客流时空分布规律，实时统计各条线路及各车站的客流量，为地铁运营组织提供基础数据，应对客流变化，及时调整运力，缓解拥挤，同时可以实现各条线路之间的票款清分。为运营调控、市场营销、新线建设提供了科学的决策依据，同时也为提高服务质量和信息处理能力创造了条件。

6) 为良好的经济效益与社会效益提供双重保障

自动售票机不仅能够识别指定的硬币和纸币并退出伪币，还可以找零。当票盒无票或钱箱已满时能提示相关信息，在一定程度上节省了旅客的购票时间，大大减少现金交易、人工记账及统计等工作。

AFC 与人工售检票相比，具有出票速度快、票务信息量大、客票类型多和计票方式方便等优点。通过应用 AFC，地铁可推出各种方便乘客选用的票种和实行维护乘客利益的计程、计时票价。从而使客运量得以准确计算，每个车站的客流表和全线的客流表都能及时得出。在 AFC 系统运行时，任何不正常的操作都能在中央计算机上记录、显示，既杜绝了员工作弊，也有效地防止了乘客无票、超站乘车的行为。

任务二 自动售检票系统基本工作流程

AFC 系统的数据传输基于封闭的、分布范围广泛的局域网进行可靠传输。通过交换机、光传送网实现中央与各站计算机和车站 AFC 设备的通信、远程数据传输。数据传输的支撑平台由物理设备层、支撑软件层、数据层和应用模块层组成。AFC 系统数据传输平台如图 1-2-1 所示。应用模块又可分为核心模块、监控模块、专用模块和财务模块。通过以上模块可以实现 AFC 系统的各项功能。AFC 系统的信息传输过程如图 1-2-2 所示。

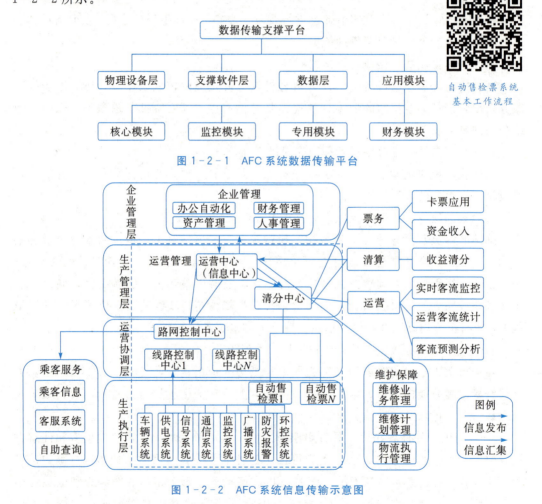

图 1-2-1 AFC 系统数据传输平台

图 1-2-2 AFC 系统信息传输示意图

一、接收车站计算机中心上传数据

线路计算机中心与车站计算机中心之间进行数据传输，车站计算机中心每间隔一定的时间将设备上传的数据打包，主动发送给线路计算机中心。线路计算机中心将接收到的数据包存储在硬盘上，并记录数据日志，以保证其高可靠性。在网络和系统发生故障等情况下都能确保消息不丢、不重。

二、离线数据采集

线路计算机中心可通过备份介质提供离线数据的采集方式。当采集离线传输数据时，先从车站计算机中心将要传输的数据导入到备份介质上，再通过车站计算机中心提供的本地数据传输接口，将需上传的数据导入到线路计算机中心。线路计算机中心在导入数据时将对数据进行检查，消除重复数据。同理线路计算机中心可导出需下发的数据，实现数据的向下传输。

三、在线数据恢复

在车站计算机中心与线路计算机中心通信中断的情况下，车站计算机中心所采集的数据无法及时上传给线路计算机中心；当通信故障恢复后，车站计算机中心自动将所有未上传的数据上传给线路计算机中心，保证线路计算机中心数据的完整。线路计算机中心对所有上传的数据进行重复性检查，消除重复记录，保证数据不重复。

同时，出于系统需要，车站计算机中心能够保存数据。所以在线路计算机中心保存的采集数据出现异常和故障不能读取时，可要求车站计算机中心重发数据，或者由专用的备份恢复软件从车站计算机中心读取数据进行恢复。

四、数据采集的可靠性

通过网络条件下保证数据的可靠传递，可以克服网络线路质量差或不稳定的情况。在传输过程中，如果通信线路出现故障或远端的主机发生故障，本地的应用程序都不会受到影响，可以继续发送数据，信息会留在传输队列中，直到被成功地传送到目的地而无须等待网络故障恢复或远端主机正常后再重新运行。这是该技术最基本而最重要的功能，即可确保数据传输，并且是一次且仅一次的传递，避免了数据的重发。

在通信故障情况下，线路计算机中心可通过离线或在线恢复的形式接收车站计算机中心上传的数据。为保证数据的完整性和唯一性，线路计算机中心不但要对数据的连续性进行审计跟踪，还要对设备累计数据进行检查，以防止数据重复、丢失和设备少传数据。另外，在数据传输结束后线路计算机中心与车站计算机中心将互相提供确认信息，即实际发送包的数量及种类，以确保运营日内数据的完整发送与接收。

AFC系统数据传输主要包含信息流、票务流和现金流三大类。数据传输示意如图1-2-3所示，票务流具体流动轨迹如图1-2-4所示，现金流具体流动轨迹如图1-2-5所示。

城市轨道交通自动售检票系统

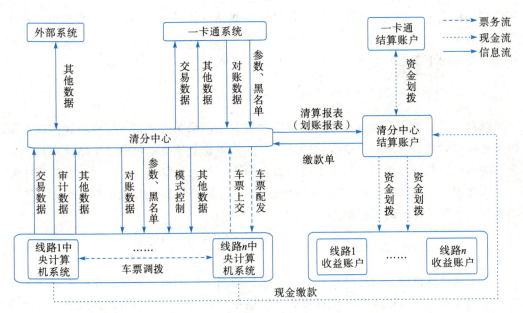

图1-2-3 AFC系统数据传输示意图

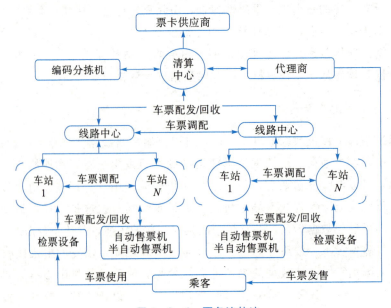

图1-2-4 票务流轨迹

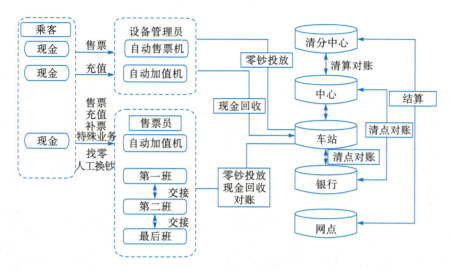

图 1-2-5 现金流轨迹

城市轨道交通**自动售检票系统**

任务三　自动售检票系统发展历程与发展趋势

近年来，自动售检票（AFC）系统在城市轨道交通建设和运营中受到高度重视。AFC 系统用作收集数据和控制系统，实现票务管理的高度自动化，同时还能为城市轨道交通企业各业务部门提供业务辅助分析决策服务。当前，AFC 系统正朝着标准化、国产化及智能化方向发展，以摆脱其在发展过程中所面临的技术、资金及人才瓶颈，实现可持续发展。

知识单元一　自动售检票系统的发展历程

自动售检票系统的发展历程

1967 年，法国巴黎地铁安装了世界上第一套 AFC 系统。国内轨道交通 AFC 系统的发展经历了从无到有的过程，随着计算机技术和软件的发展，我国城市轨道交通 AFC 系统和技术已与城市公共交通"一卡通"接轨，实现城市内甚至城市间的"一卡通"。

1971 年 1 月，北京地铁一期工程线路开始试运营，其后的近 20 年时间里，在国内乘坐地铁使用的都是纸质车票，没有自动售检票的设备，而是靠人工进行售检票。

直到 20 世纪 80 年代末，上海地铁开始自主研制 AFC 系统，并在一号线的徐家汇等车站成功试用。

AFC 系统的发展经历了三个阶段（图 1-3-1）。

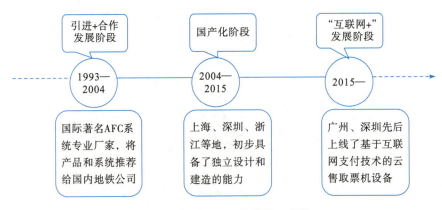

图 1-3-1　AFC 系统发展三阶段

一、引进＋合作发展阶段（1993—2004 年）

当时国际著名的 AFC 专业厂家，如美国的库比克（CUBIC）、法国的 CGA［后来被泰雷兹（Thales）收购］和日本信号（Nippon Signal）等，通过产品和系统的推介，把其

AFC系统的技术特性推荐给了国内地铁公司。同时，香港地铁将成功的运营经验也传授给了内地地铁同行，这些都为广州地铁和上海地铁的AFC系统在建设之初就拥有严谨和基本完善的系统框架奠定了基础。2000年前后，国内第一轮城市轨道交通建设高潮到来，北京、上海、广州、大连、天津、深圳、武汉、重庆和南京等城市的轨道交通项目陆续上马。

二、国产化阶段(2004—2015年)

1999年，国务院办公厅转发国家计委《关于城市轨道交通设备国产化的实施意见》。其中明确规定："城市轨道交通项目，无论使用何种建设资金，其全部轨道车辆和机电设备的平均国产化率要确保不低于70%。"这对AFC系统的国产化提出了明确的要求。上海普天、上海华虹计通、上海华腾、南京熊猫、中软万维、方正国际、深圳现代、浙大网新、广电运通等厂家，在经历了国内组装、部件供应、合作开发等阶段之后，初步具备了独立设计和建造的能力，AFC系统的国产化工作取得了重大进展。我国于2003年发布了《地铁设计规范》(GB 50157—2003)，其中"自动售检票系统"部分，明确规定了AFC系统的功能和接口要求；2006年发布了《城市轨道交通自动售检票系统工程质量验收规范》(GB 50381—2006)，明确AFC系统的工程质量规范以及验收流程和标准；2007年发布了《城市轨道交通自动售检票系统技术条件》(GB/T 20907—2007)，明确了AFC系统的五层架构体系以及各层架构的技术条件和接口要求；2011年发布了《城市轨道交通自动售检票系统检测技术规程》(CJJ/T 162—2011)，明确了五层架构体系下AFC设备单机测试和联机测试的规程。上述这些规范的制定，在国家层面上形成了一套涵盖AFC系统设计、建造、检测和验收全过程的标准体系。目前，国内AFC企业已经掌握了AFC系统的核心技术，能够自主开发全套应用软件，具备专用设备的整机与模块的设计和生产能力。各企业之间分工合作、各有侧重，大致分为以下几种类型：

(1)系统集成企业，如上海普天、上海华虹计通、中软华腾、南京熊猫信息、中软万维、方正国际、深圳高新现代、浙大网新、新科佳都等。

(2)设备生产企业，如广电运通、上海华铭、上海怡力、苏州雷格特、青岛博宁福田等。

(3)专用模块生产商，如艾弗世、固力保、深圳雄帝、深圳德卡、北京迪科等。

(4)国外专用设备和专用模块的国内代理，提供纸币识别模块、硬币识别模块以及扇门模块等专用模块，如南方银通、德银、金瑞致达等。

(5)AFC系统专业维护服务商，如锦源汇智、南方银通、北京地铁科技、广电运通等。

三、"互联网+"发展阶段(2015年以后)

2008年7月,广州地铁与中国移动合作,在闸机上开通手机支付,乘客使用近场通信(Near Field Communication,NFC)手机或者装用特制用户识别卡的手机直接刷手机过闸,但是由于各种原因,这个项目没有向乘客全面推广使用。2015年6月,寇比克在伦敦地铁的闸机上测试刷维萨卡、万事达等电子票证方式过闸功能。与此同时,国内业主单位和供货商也将互联网等新技术运用到AFC系统上。2014年,就有国内厂商在AFC系统年会上提出二维码和移动支付等技术在AFC系统上的应用。2015年底广州和深圳两个城市先后上线了基于互联网支付技术的云售取票机设备。2016年,广州地铁陆续开通了二维码/银联/NFC过闸功能。上海、北京、深圳、苏州、宁波、长沙、南宁等20多个城市地铁也在2016—2017年陆续开通了"App+现场取票"或者用移动支付在自动售票机购票或者刷手机过闸等功能。

知识单元二 自动售检票系统技术发展展望

AFC系统是服务乘客的全封闭系统,是衡量服务地铁乘客的质量的"标尺"。地铁业主、集成商和设备生产商都在积极进行各种尝试,使AFC系统更好用、更易用、更耐用,最大限度地为乘客提供良好的出行服务。随着移动支付、大数据、云计算技术的快速发展,原来的各种设想都变成了现实。自动售检票系统主要的技术创新可以从以下几个方面来展望。

一、互联网+大环境下的快捷支付方式激增

随着银联云闪付,手机NFC、支付宝、微信甚至刷脸支付等各种支付方式的出现,新的支付技术有效解决了购票效率低、客流高峰期排队购票时间长、车票单次使用成本高等问题,同时也为不常用地铁出行的乘客(包括外地乘客)提供了更多便捷的出行体验。2019年,已开通轨道交通的38个城市均实现了互联网支付功能,包括联网购票、取票,扫码过闸,以及手机NFC过闸等。以互联网支付技术应用为契机,各地铁公司或选择自建互联网票务平台与官方App,或选择利用主流互联网支付方式实现地铁出行的便利。目前,各地铁公司采用的互联网购票支付入口主要包括地铁官方App、商业银行App、银联云闪付、支付宝、微信等。

过去人们乘坐地铁要么购买储值卡,要么到车站用零钱买单程票。随着时代的进步,科技的发展以及互联网移动支付的迅速普及,郑州地铁经过不断深入研究、反复探索,对标国内领先技术方向,继2017年在行业内率先采用1号线一期20座车站61个通道实现"云闸机"手机扫码进出站服务后,于2019年全线网所有车站、所有闸机全部开通智能乘车综合管理平台(Intelligent Ticket Platform,ITP)手机扫码功能(图1-3-2、图1-3-3),真正实现了"一码在手,畅行郑州"。

项目一

城市轨道交通自动售检票系统概述

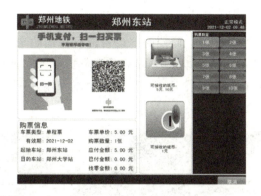

图1-3-2　ITP手机扫码

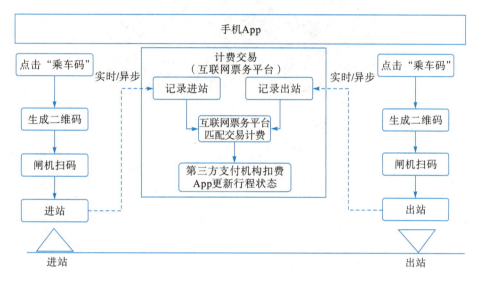

图1-3-3　ITP扫码过闸流程

二、AFC系统设备的变化

随着互联网取票、移动支付购票和手机扫码（蓝牙）过闸的应用，AFC系统设备也发生了相应的变化，如出现了云闸机（Internet Automatic Gate，iAG）、云售票机或者互联网取票机（Internet Ticket Vending Machine，iTVM）、智能客服机（Intelligent Booking Office Machine，iBOM）和云票务平台等新的设备和新系统。

变化之一是现场设备功能更强大，但结构简化。iAG、iTVM和iBOM不仅能处理传统的车票业务，还可以要求兼容新兴的各种支付方式，如二维码技术、手机NFC、银联闪付等技术。同时，为了实现通过互联网的实时通信，部分设备还具备移动网络通信功能。应用智能自助查询技术，可以有效获取车站三维布局、乘客换乘路径、车站周边信息等，并实现语音购票、人脸过闸（图1-3-4）等。新设备、技术与AFC相结合，不仅能够使乘客在使用时产生亲切感，还能够减轻工作人员的工作压力，从而为乘客提供优质的出行服务。但与此同时，设备的机构却越来越简单。如 iTVM 省去了识别和找兑现金的纸币和硬币模块；iAG 不再需要考虑回收单程票，省去了复杂、笨重的车票回收模块。有的厂家甚至用一台平板电脑控制一个门模块，来完成原来需要很多模块组合才能实现的功能。

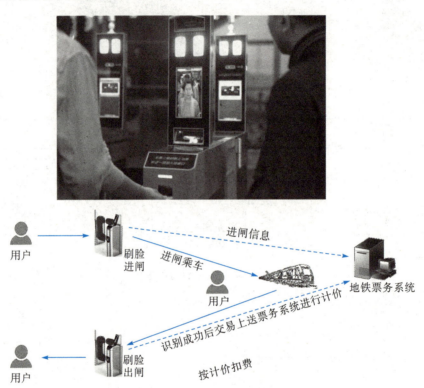

图 1-3-4　人脸过闸整体流程

变化之二是系统结构发生了变化，对网络依赖越来越强。新的 AFC 系统采用"互联网＋"的模式，将移动通信、物联网、互联网计算技术、人工智能技术与传统的系统相结合，打造适合未来发展趋势的 AFC。

由于移动支付和"互联网＋"的紧密关联，AFC 系统更加依赖互联网与第三方支付平台和 App 平台等进行数据交互，对 AFC 系统的可靠性、安全性、实时性和开放性的要求越来越高。针对这些变化，各地 AFC 系统在升级改造时对地铁内部通信传输网络进行了加强或调整，实现双联路通信，保证数据传输的可靠性。同时，在原来 AFC 系统五层传统架构下，增加互联网票务管理平台，实现与外部的支付平台、第三方业务平台对接，以将客流和交易数据传回到现有 AFC 系统，实现数据的汇总和清分。AFC 数据流如图 1-3-5 所示。

项目一
城市轨道交通自动售检票系统概述

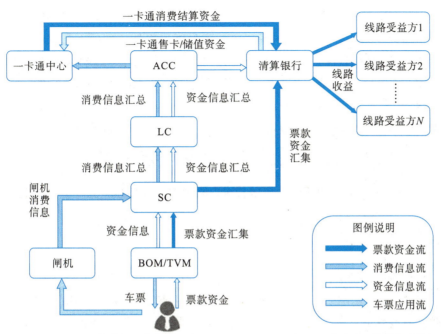

ACC—轨道交通清分中心（AFC Clearing Center）；LC—线路中心计算机系统（Line Computer Management Center）；SC—车站计算机中心（Station Computer）；BOM—半自动售票机（Booking Office Machine）；TVM—自动售票机（Ticket Vending Machine）。

图 1-3-5　AFC 系统数据流

三、新集成商出现，带来新的冲突和调整

在"互联网＋"的冲击下，AFC 系统供应商中出现了一批带有互联网行业或者金融行业背景的公司，他们成功地获得了一些"互联网＋AFC"的改造项目，如腾讯在深圳、阿里在杭州、小码联城在西安、八维通在无锡和福州、优城在宁波、如易行在北京、佳都数据在广州的项目等。这些公司有很强的资源支持，有的已经在各地布局公交的移动支付，这对传统的 AFC 系统集成商将构成不小的冲击，迫使各集成商做相应的调整。

四、旧系统需要不断升级改造

由于新技术的不断出现，已建成的 AFC 系统急需升级改造。AFC 系统运营管理者要调研确定改造升级的技术路线，在保证系统正常运营的情况下，完成升级改造。

五、乘车实名化、票检一体化

随着轨道交通行业的快速发展，地铁客运量与日俱增，如何增强公共交通搭乘安全指数，保障市民乘客上下班健康安全成为新的关注点。通过实名制可以达到乘客出

行信息可查询、可追溯的目的。通过利用人脸识别等生物识别技术，推行地铁乘车实名制，可以帮助构建信用后付费的体系，从而建成更加智能、便捷、高效的AFC系统。2020年2月16日起，深圳地铁全线网全面启用实名制乘车，以确保地铁乘客信息可查询可追溯，实现重点疑似人员行程轨迹的有效跟踪，保障市民乘客健康、安全出行。2020年2月17日，广州地铁宣布实行扫码实名乘车。2020年2月18日起，青岛市公共交通和出租车行业实行实名制。

知识单元三　自动售检票系统发展趋势

AFC系统的发展趋势是能有效地缓解技术、资金及人才瓶颈，实现AFC系统的可持续发展。

一、标准化

国家标准化管理委员会在2007年发布并实施《城市轨道交通自动售检票系统技术条件》。这是我国首次制定的AFC系统国家标准，标志着AFC系统的标准化迈出了第一步。同时，各地城市轨道交通企业也在制定AFC系统各层设备细化的企业标准，如《轨道交通自动售检票系统公共接口规范》《线网读写器接口标准》《车站计算机与车站设备接口标准》《设备界面设计标准》等。标准化使AFC系统良性发展。它带来深远的影响：①建立完善的产品测试验收流程，在AFC系统产品质量得到有效保证的前提下，可产生出一批有实力的国内供货商和高品质设备；②使AFC系统的新增与改造过程实现分段招标；③为运营部门日后采用AFC系统国产化配件提供了标准；④使运营部门对AFC系统设备的使用和维护进入标准化时代；⑤使设备功能具备可扩展性，随时满足运营工作出现的新变化、新要求。这些影响可使AFC系统在发展中所产生的技术难题和风险得到缓解。

二、国产化

轨道交通AFC系统的国产化是城市轨道交通企业和供应商共同关注的问题。对于城市轨道交通企业来说，国产化能摆脱对国外供货商的技术依赖，降低建设与运营成本。当前国际知名的专业厂家为获得中国市场的更大份额，纷纷与国内厂家联手，在中国制造高品质的AFC系统车站终端设备。AFC系统设备的国产化正在逐步推进，一些核心部件也正在逐步实现国产化。

进入21世纪，AFC系统的国产化经历技术引进、合作开发和独立实施的过程。首先，针对技术被国外供应商垄断和相关产品不完备的情况，我国从技术路线上采取"先行合作、逐步替代"的战略方针。其次，根据此战略要求，在AFC系统技术引进时，要求国外供应商提供切实可行的国产化方案，以促进国外企业与国内企业合作。这个阶段重点是结合我国在管理和清分方面的需要，对系统的架构和产品的使用习惯进行了分析设定，同时，强调乘客身高特征和操作习惯在终端人机界面的操作要求，并在终端设备上大量采用如触摸屏操作、非接触集成电路票卡、三杆闸机和门式闸机等新技术。在引进技术和合作开发的过程中，国内供应商也全面参与了 AFC 系统的施工和集成方面的工作，积累了丰富的经验。在此基础上，开发了国产的售检票设备、集成电路票卡及部分应用软件。随着项目的增加，国内供应商提供的 AFC 系统架构和产品逐步完善，并在国内多条既有线的升级改造和新线工程中得到了很好的应用。

三、智能化

智能化是 AFC 系统近几年来的最新发展趋势。AFC 系统第五层（清分系统层）的建立除了满足日常的结算业务外，更重要的是使体系内所汇集的各类票务数据能被有效整合，利用行为识别系统（Behavior Identity，BI）技术将城市轨道交通企业中现有的数据转化为知识，帮助企业各业务部门做出明智的业务经营决策。如：帮助车务部门分析决策乘客分流方案，帮助营销部门分析决策票价优惠方案，帮助资源部门分析决策资源营销方案，帮助财务部门分析决策财务收支方案等。而在过去，这些都是由各专业领域人才完成的，现在 BI 可以协助完成这些工作。随着人工智能技术的不断发展与成熟，其在 AFC 系统各层的应用将会不断地延伸，使 AFC 系统不但具有高度的自动化，而且具有高度的智能化。这将大大地缓解了 AFC 系统对各专业领域、各层级人才的需求压力。

综上所述，随着智慧地铁的发展，AFC 系统将与互联网、大数据、云计算有效结合，共同促进地铁行业的发展。智能技术的飞跃发展，将使 AFC 系统的未来有更多的发展。

项目二
自动售检票系统基础知识

项目概述

本项目学习内容主要涵盖城市轨道交通自动售检票系统的基本架构、自动售检票系统的运营模式、自动售检票系统计算机和网络基础知识和城市轨道交通自动售检票系统标准化发展趋势。通过本项目的学习了解和掌握城市轨道交通自动售检票系统的基础知识。

学习目标

1. 知识目标

(1) 掌握城市轨道交通自动售检票系统的几种基本架构,并了解不同系统架构之间的区别和联系。

(2) 掌握城市轨道交通自动售检票系统的几种运营模式。

(3) 掌握基础的计算机技术和网络技术知识。

(4) 了解自动售检票系统标准化发展趋势。

2. 能力目标

(1) 能描述自动售检票系统的基本架构和标准化发展内涵。

(2) 能说出计算机系统的基本结构和各部分作用。

(3) 能自行选择和安装操作系统。

3. 素质目标

(1) 通过学习我国自动售检票系统的发展和进步,培养民族自豪感。

(2) 培养自我学习的良好习惯。

(3) 培养科学精神和探索精神。

城市轨道交通**自动售检票系统**

知识体系

自动售检票系统基础
- 自动售检票系统的基本架构
- 自动售检票系统的运营模式
- 自动售检票系统计算机技术基础
- 自动售检票系统网络系统基础
- 自动售检票系统标准化发展趋势

思政课堂

领先世界的中国超算

超级计算机又称巨型机，是与高性能计算机或高端计算机相对应的概念，是指信息处理能力比个人计算机快一到两个数量级以上的计算机。它主要是由运算器、控制器、存储器、输入设备和输出设备组成，在密集计算、海量数据处理等领域发挥着举足轻重的作用。

超级计算机具有超强的计算和数据分析处理能力，超大的存储容量，超高速度及巨大的能耗，配有多种外部和外围设备及丰富的、高功能的软件系统。

超级计算机广泛应用于模拟核试验、生物医药、新材料研究、天气预报、太空探索、人类基因测序等领域。此外，还应用于国防科技、航空卫星、军事等邻域。

1976年，美国克雷公司发布了世界上首台突出表现一国科技实力的超级计算机（运算速度达2.5亿次/秒）后，中国开启了超级计算机的研发之路。从1978年到2021年这三十多年的时间里，无数的超级计算机工作者投入到这项伟大的工程中，中国在超级计算机领域全面开花，前后有国防科技大学的银河系列、天河系列，中科院的曙光系列，联想的深腾系列，无锡江南计算机研究所的神威系列，都曾一度霸榜世界第一的位置，让世界惊叹中国在超算领域的弯道超车表现。

中国超算逆袭之路：

2009年，国防科技大学成功研制"天河一号"千万亿次计算机，我国也成为第二个可以成功研制千万亿次计算机的国家。

2010年11月，国防科技大学升级的"天河—1A"系统，成为世界超算500强第一名。

2010年底，江南计算机研究所的"神威·蓝光"成为第一个全部采用国产中央处理器(Central Processing Unit，CPU)，同时实现千万亿次计算的超级计算机。

2013年至2015年，国防科技大学的"天河二号"，连续六届(半年一次)位居世界超算500强第一名。

2016年6月20日至2017年11月，全国产CPU制造的"神威·太湖之光"连续四次霸占世界超算500强榜首第一的位置，同时段"天河二号"霸占第二的位置。

2016年我国首次获得高性能计算应用领域最高奖戈登贝尔奖，成为我国高性能计算应用发展的一个新的里程碑。

在全球超级计算机500强中，中国超越的起点：2016年6月，中国占有167个席位，美国占有165个席位；2019年比美国多出111台上榜；2020年，中国占有的席位上升至226个，美国仅有109个席位，领先117台；2021年，中国入榜的有173台，占比为34.6%，排名第二的是美国为149台，占比为29.8%。

城市轨道交通**自动售检票系统**

任务一 自动售检票系统的基本架构

自动售检票技术的应用和推广,能够大大提高乘客购票乘车的快捷性和舒适度体验,同时能够减少车站售检票过程中的人员需求量,提高售检票工作效率并节约轨道交通运营成本。

知识单元一 自动售检票系统五层架构

城市轨道交通自动售检票系统经典系统架构包括五层:轨道交通清分中心、线路中心、车站计算机系统、车站终端设备、车票。其总体功能包括:自动售票、自动检票、自动收费、清分清算、票务管理、统计分析。城市轨道交通自动售检票系统五层架构图如图2-1-1所示。

自动售检票
系统架构

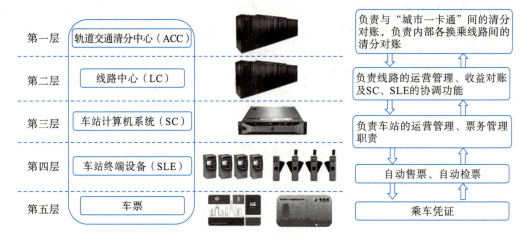

图2-1-1 城市轨道交通自动售检票系统五层架构图

1. 清分中心

轨道交通清分中心(AFC Clearing Center,ACC)负责与"城市一卡通"间的清分对账,负责城市轨道交通系统内部各换乘线路间的清分对账,同时处理地铁系统和其他商业体之间的财务清算。ACC能够统一城市轨道交通AFC系统内部的各种运行数据,收集城市轨道交通AFC系统产生的交易和审计数据并进行数据清分和对账,负责连接城市轨道交通AFC系统和"城市一卡通"清分系统。ACC规定了车票管理、票务管理、运营管理和系统维护管理的相关技术要求。

2. 线路中心

线路中心负责线路的运营管理,收益对账及各车站计算机系统(Station Computer,SC)、车站终端设备(Station Locale Equipment,SLE)的协调管理,其主要作用分三个方面：第一是参数管理，线路中心接收从清分中心下发的参数，并管理本线路的参数；第二是设备管理，定义并管理本线路下的所有车站和设备；第三是存储并处理所有来自 AFC 现场设备和票务中心的数据，形成报告、发送参数，对 AFC 设备的软件升级（通过 SC）并控制 AFC 系统所有的操作。线路中心计算机系统（线路中心）（Line Computer Management Center，LC）必须规定对该线路的车票票务管理、运营管理及系统维护的技术要求。

3. 车站计算机系统

车站计算机系统负责车站的运营管理、票务管理，其主要作用是针对第四层车站终端设备进行状态监控，以及收集本站产生的交易和审计数据。车站计算机系统规定了系统的数据管理、运营管理及系统维护管理的技术要求。

4. 车站终端设备

车站终端设备主要安装在地铁各车站站厅层，其主要作用是直接为乘客提供售检票等相关服务。主要设备包括：自动售票机、自动检票机、半自动售票机、自助票务处理机、自动票务查询机和手持式检票机等。车站终端设备根据 AFC 系统的票务规则验证车票的合法性，进行车票费用处理，收集票务信息上传车站计算机系统，同时接收车站计算机下发的命令和参数。车站终端设备层规定车站各终端设备及设备运营管理的技术要求。

5. 车票

车票是乘客所持有的车费信息的支付媒介，是自动售检票系统信息传递的主要介质。车票层必须规定各种类型车票的物理特性、电气特性、应用文件组织以及安全机制等技术要求。车票媒介决定车站设备的选型和系统架构的搭建，因此确定车票媒介是一个非常重要的环节。目前，全国各大城市轨道交通系统所采用的车票主要包括非接触式智能卡（包括卡式和币式），还包括新型车票介质（包括二维码、人脸识别等）。

城市轨道交通自动售检票系统五层架构网络链路相联通，实现了交易数据、状态数据、业务数据的采集和上传，及软件、参数等数据的下发，形成了自动售检票系统的主体架构。

知识单元二　自动售检票系统四层架构

一、自动售检票系统传统五层架构存在的问题

传统的自动售检票系统所包含的 ACC、LC、SC、SLE、车票五层架构建设理念随着线网规模的逐渐扩大，其缺点也逐渐显现。

1. 硬件分散

传统的五层架构系统中，需要在每个 LC 设置一套硬件设备、用房等，投资大、且

资源利用率低。

2. 运维成本高

ACC、LC 分设的模式，无论在维护人员定编方面还是备品备件维护维修等方面，都增加了运营的维护成本且生产运作效率低下。

3. 互联互通难

不同线路间的互联互通、软件升级等存在一定的局限性，运营管理模式单一，不便于线网化运营。

4. 系统复杂

对于 AFC 系统的第一层 ACC，单线路中心增加了 ACC 层的工作压力、造成清分模型的复杂化。

二、自动售检票系统四层架构

针对城市轨道交通自动售检票系统五层架构（图 2-1-2）存在的问题，经过多年的探索和充分的论证分析，郑州地铁集团有限公司创新性地提出 AFC 四层架构体系，将传统清分中心 ACC 系统＋各线路中心 LC 系统或多线共用线路中央计算机系统（MLC）的两级架构，合并为一个整体自动售检票线网管理中心系统（AFC Network Control Center，ANCC），同时融合智能乘车综合业务管理平台（Intelligent Ticket Platform，ITP），充分实现资源共享和业务融合，同时实现了 AFC 系统运营管理扁平化、运营管理线网化（图 2-1-3）。

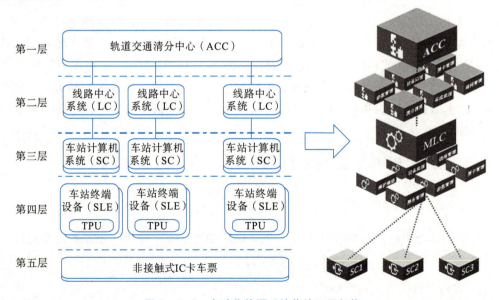

图 2-1-2　自动售检票系统传统五层架构

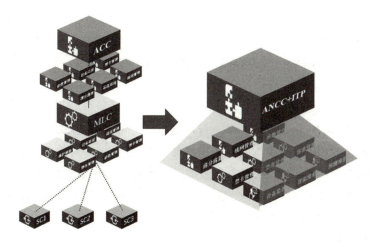

图 2-1-3 ANCC+ITP 架构模式

知识单元三 自动售检票系统三层架构

一、自动售检票系统四层架构升级优化

目前，城市轨道交通的自动售检票系统为包含 ANCC+ITP、SC、SLE、车票的四层自动售检票系统，随着互联网技术迭代和线网化运维模式的改变，需研究设计全新的自动售检票系统架构。

1. 维护模式的研究

四层架构体系中，每个车站仍保留有 SC 服务器层级，对现场人员系统、软件和网络技能水平有着更高的运维要求，班组人员不能完全投身于像闸机、售票机和半自动售票机设备的服务性维护，及设备长周期运行造成的部件磨损或寿命极限的处理，需考虑抽出更多的时间进行自主维修和替代研究。

2. 创新的三层架构技术应用研究

通过进一步探索，可以将自动售检票系统站级 SC 服务器进行上云，及在运行控制中心（Operation Control Center，OCC）建造一个更大更全的大云平台，进行业务数据集中运行和运维管控，在去除各车站级 SC 服务器硬件部署的同时，OCC 的大云平台维护团队在长期运维和技能水平上，均能够打下坚实的人员技能基础，为后期信息技术发展提供技能人才和运维大数据支撑。车站则由终端数据直接上传至 OCC 大云平台进行处理，与现有的 ANCC+ITP+SC 更好地进行融合。

3. 无感过闸多场景的技术应用研究

二维码、人脸识别已经在当下为乘客带来了更好的乘车体验，人脸识别的上线初步到达了无感通行的第一站。在满足乘客通行的同时，设计人员考虑更多的是如何能够让乘客由"闸机无感进出"转变为"车站无感进出",将场景码、物品安检通道进行系统结合,实现真正意义上的全流程无感通行。我们还要研究如何采用类光幕技术,取缔闸机通道现有的机械(扇门)阻挡装置,抑或取消闸机实体。

二、自动售检票系统三层架构

地铁是一个城市的重要交通工具,自动售检票系统首要解决的问题是如何在信息技术不断发展的大环境下,依然能够为乘客提供便捷的购票及乘车体验,这就需要地铁公司持续发现和挖掘当下的乘客需求及前沿技术的创新应用。将ANCC+ITP、各车站SC系统的两极架构,合并为一个整体,融合为ANCC+ITP+SC的大专业大数据的一个大云平台,充分实现资源共享和业务融合,同时实现了AFC系统运营管理扁平化、运营管理线网化(图2-1-4)。

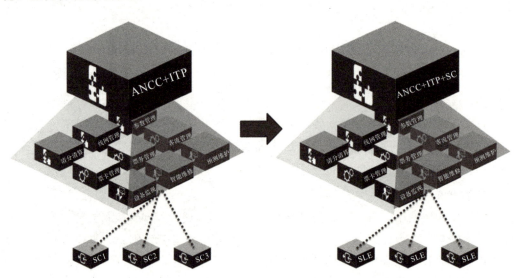

图2-1-4　ANCC+ITP+SC三级架构模式

任务二　自动售检票系统的运营模式

城市轨道交通系统在不同运营情况下，需要自动售检票系统切换不同的运营管理模式。自动售检票系统包括三种运营管理模式：正常运营模式、降级运营模式和紧急放行模式。通常情况下，自动售检票系统在正常运营模式下自动运行。

知识单元一　正常运营模式

正常运营模式是系统默认模式，包括正常服务模式和关闭模式。正常服务模式下进行正常的售票、补票、检票等处理。关闭模式下，不对车票进行任何处理。

一、正常服务模式

在通常情况下，自动售检票系统在正常服务模式（即系统默认模式）下自动运行。在该模式下，车站所有终端设备（票房售票机除外，需要操作员登录启动才能进入正常模式）通过中央计算机系统、车站计算机系统及本地控制正常启动和运行。正常服务模式下，AFC系统设备正常运行，可以实现发卡、售票、检票及清分功能。表现在车站设备能处理乘客车票、发售车票或处理现金；检票机方向指示灯显示"通行"标志；各设备的乘客显示器显示允许使用等信息，如图2-2-1所示。

图2-2-1　闸机、售票机正常运行图

二、关闭模式

通过中央计算机、车站计算机及检票机的本地控制，可将检票机、自动售票机设为关闭模式。票房售票机未登录时为关闭模式。

城市轨道交通**自动售检票系统**

关闭模式表现为所有车站设备不能处理乘客车票、发售车票或处理现金；检票机扇门关闭，方向指示灯显示"禁止"标志；各设备的乘客显示器显示关闭及暂停使用等信息。

知识单元二　降级运营模式

降级运营模式是在轨道交通运营发生异常情况时采用的特殊的运行模式。当城市轨道交通发生火灾、爆炸、供电系统故障、运营列车故障等事故时，根据突发事件的具体情况，AFC系统启用适当的、事先设定的非正常运行模式，不仅能够有助于事故救援，确保乘客人身安全，同时还能最大限度地配合运营方案的调整，将事故影响范围缩小。非正常运行模式指令可从AFC系统中央计算机或车站计算机发出，自动检票机（Automatic Gate Machine，AGM）、自动售票机以及票房售票机接收到指令后，将按照相应的模式要求，改变其工作状态或工作方式，从而满足轨道交通运营的需要。

由于运营故障的多样性，该运营模式又需要细分，如维护模式、车站设备故障模式、列车故障模式、降级模式等。

一、维护模式

通过本地控制，车站维护人员可将车站终端设备如自动检票机、自动售票机等设置成维护模式，再对检票或售票设备进行测试和维护。在维护模式下，所有设备不能处理车票及现金，但在特定命令下可以使用测试车票。自动检票机方向指示灯显示"禁止通行"标志，检票机处于关闭状态。各设备的乘客显示器显示暂停服务（图2-2-2）及相关维护信息。

图2-2-2　自动售票机暂停服务

· 30 ·

二、车站设备故障模式

车站设备发生故障时，设备自动进入故障模式。故障模式下，维修人员根据各自权限等级将设备关闭或继续服务。故障模式下会出现以下情况：(1)设备无论处于暂停服务还是服务状态，乘客显示屏都会显示有关的故障代码。(2)设备因故障出现暂停服务时，乘客显示屏显示故障信息及暂停服务等。(3)检票机方向指示灯显示"禁止"标志，检票机处于关闭状态，设备能自动对发生的故障进行检测。(4)故障恢复后，自动退出故障模式。

三、列车故障模式

由于列车发生故障无法继续行驶而滞留在某区间或车站，部分车站正常运营受到影响，此时，这些车站的 AFC 系统会启动列车故障模式。如上行方向有一列车运行至某站时发生故障无法继续行驶，可能造成上行方向该站及其后续各站的运营较长时间的中断，乘客一般会考虑改用地面交通。此时，该站及其后续车站的 AFC 系统启用列车故障模式。

(1)车站启用列车故障模式后，出站闸机对车票做以下处理：单程票均不回收，并在车票中写入出站码和列车故障模式信息；储值票均不扣费，并在车票中写入出站码和列车故障模式信息。

(2)车站的列车故障模式取消后，按照系统参数所设定的时段(如 7 天)内，有列车故障模式信息的单程票和储值票可在该运营线路的任何一个车站直接进站使用；出站时，根据实际车费进行检查，不足部分需补交。

四、降级模式

1)进出站次序免检模式

当车站出现大客流集中进站，造成乘客拥挤时，车站 AFC 系统会启用进出站次序免检模式，开启站内进站闸机，乘客无须将车票经闸机处理便可直接进站。同时，AFC 中央系统立即将该信息下发到相关运营线路的各个车站。当各车站出站闸机检查到无进站信息的车票，将其作为某站进站的车票进行处理，车费不足部分需补交。若某一时段同时有 2 个或 2 个以上车站启用进出站次序免检模式，出站闸机将按其中车费最低的车站进行处理。

进出站次序免检模式结束后，相关车站对无进站信息车票的处理需根据所设定的参数(如 2h)延长一段时间后方可取消，确保乘客顺利出站。

2)超程免检模式

当车站因突发事件而暂时关闭，列车不能在该站停车导致列车跳停后续车站停车时，需对该站上行方向的后续车站和下行方向的后续车站 AFC 系统设置超程免检模式。上下行后续车站出站闸机仅检查车票的相关进站信息（进站码、进站时间等），而忽略车票内的金额（不做超程检查）。单程票回收，储值票按最低票价扣费，确保因列车跳停导致超程的乘客顺利出站。

  3）超时免检模式

  由于列车延误等原因，造成大量车票超时乘客无法出站时，相关车站 AFC 系统需启用超时免检模式。超时免检模式生效后，出站闸机将忽略车票的进站时间信息（不做超时判断），但仍对进站码、进站日期、车票金额等进行检查，并按照正常票价扣费，不足部分需补交。

  4）日期免检模式

  由于 AFC 系统时钟出错等原因，造成大量车票过期乘客无法出站时，相关车站 AFC 系统需启用日期免检模式。日期免检模式生效后，出站闸机将忽略车票的有效期信息，但仍对进站码、进站时间、车票金额等进行检查，并按照正常票价扣费，不足部分需补交。

知识单元三 紧急放行模式

  当车站发生火灾、爆炸等事故时，需立即疏散站内乘客。此时，车站启用紧急放行模式。可在中央计算机或发生事故的车站计算机上完成模式设置，也可通过该车站车控室内 AFC 系统配置的紧急按钮实现紧急放行模式指令的下发并实施。

  (1)事故车站的站内设备接收到指令后，开启站内所有闸机通道，确保乘客无阻碍、快速离开付费区（AGM 不对车票进行处理）。AGM 付费区均显示"通行"标志，非付费区内均显示"禁止通行"标志；TVM 进入暂停服务状态；操作员界面出现紧急放行模式信息，提示操作员退出服务。

  (2)AFC 中央计算机系统立即将该信息下发到与事故车站相关的运营线路的车站，相关车站内的 AGM 对车票进行正常处理，TVM、BOM 停止发售到事故站的车票。

  (3)当车站紧急放行模式取消后，按照系统参数所设定的时段（如 7 天）内，符合以下条件的车票可在事故车站所属的运营线路中的任何一个车站直接进站使用：①事故车站启用紧急放行模式之前售出的单程票。②启用紧急放行模式之前，有事故车站当天的进闸标记、进站日期和时间的储值票。当使用这些车票出站时，根据实际车费进行检查，不足部分需补交。

任务三　自动售检票系统计算机技术基础

知识单元一　计算机技术基础

一、计算机的产生与发展

计算机如同任何新生事物一样，都会经历萌芽、发展和成熟的过程。随着一代又一代科学家的不断努力，未来的计算机一定会更加方便人们的工作、学习及生活。

1. 计算机的产生和发展

1946 年，出于弹道设计的目的，宾夕法尼亚大学成功研制了世界上第一台电子数字计算机——ENIAC(Electronic Numerical Integrator and Calculator)。70 多年来，按照计算机所使用的逻辑元件、功能、体积、应用等划分，计算机的发展经历了电子管、晶体管、集成电路、大规模集成电路和人工智能五个时代。

第一代(1946—1958 年)是电子管计算机，它使用的主要逻辑元件是电子管。20 世纪 50 年代是计算机研制的第一个高潮时期，这个时期计算机的特点是体积庞大、运算速度低(每秒几千次到几万次)、成本高、可靠性差、内存容量少。这一时期计算机的应用开始由军用扩展至民用，由实验室开发转入工业生产，同时由科学计算扩展至数据和事务处理。

第二代(1959—1964 年)是晶体管计算机，它使用的主要逻辑元件是晶体管。这个时期计算机的运行速度有了很大提高，体积大大缩小，可靠性和内存容量也有了较大提高，不仅被用于军事与尖端技术方面，而且在工程设计、数据处理、事务管理、工业控制等领域也开始得到应用。

第三代(1965—1970 年)是集成电路计算机，它的逻辑元件主要是中小规模集成电路。这一时期计算机设计的基本思想是标准化、模块化、系列化，计算机成本进一步降低，体积进一步缩小，兼容性更好，应用更加广泛。最有影响力的是 IBM 公司研制的 S/360 计算机系列。

第四代(1971—2016 年)是大规模集成电路计算机，它的主要逻辑元件是大规模和超大规模集成电路。这一时期计算机的运行速度可达上千万次/秒到万亿次/秒，体积更小，成本更低，存储容量和可靠性又有了更大的提高，功能更加完善，计算机应用的深度和广度有了大幅度的提升。

第五代(2017 年以后)是人工智能计算机，它是把信息采集、存储处理、通信、多媒体和人工智能结合在一起的计算机系统。人机之间可以直接通过自然语言(声音、文字)或图形、图像交互。第五代计算机又被称为新一代计算机。

2. 计算机在中国的发展

1956年，我国把计算机列为发展科学技术的重点之一，并在1957年筹建第一个计算技术研究所。经过我国科学家的艰苦努力，我国计算机事业蓬勃发展。2002年8月10日，我国成功制造出首枚高性能通用CPU——龙芯一号。龙芯一号的诞生，打破了国外的长期技术垄断，结束了我国近20年无"芯"的历史。

我国从1956年开始研制计算机，1958年中科院计算机所成功研制出我国第一台电子管小型计算机——103机；1959年成功研制出我国第一台大型通用电子数字计算机——104机；1965年成功研制出我国第一台大型晶体管计算机——109乙机。

20世纪60年代后期，我国开始研究集成电路计算机；20世纪70年代，我国已批量生产小型集成电路计算机。

20世纪80年代以后，我国成功研制第一台IBM PC兼容微型机——长城0520CH。另外，我国在大型计算机、巨型计算机技术方面取得了重要进展。

1983年，"银河"巨型机在国防科技大学研制成功，运算速度为1亿次/秒；1992年，"银河Ⅱ"巨型机研制成功，运算速度为10亿次/秒；2008年，我国成功研制百万亿超级计算机——曙光5000；2009年10月，由国防科技大学研制的第一台国产千万亿次超级计算机"天河一号"在湖南长沙亮相，其测试运算速度可以达到2570万亿次/秒；2013年5月，我国研制成功世界上首台5亿亿次超级计算机——"天河二号"，成为当时全球最快的超级计算机；2018年，由国家超算天津中心同国防科技大学联合研制出"天河三号"，它是我国第一台百亿亿次超级计算机。通过"天河三号"，未来将打造超级计算、云计算、大数据、人工智能和物联网五大融合平台，为国家科技创新和新兴产业发展服务。

3. 计算机未来的发展趋势

未来计算机的发展趋势主要有以下4个方面。

（1）多极化。微型计算机在我们的生活中已经是处处可见，大型、巨型计算机也得到了快速发展。特别是在超大规模集成电路技术基础上的多处理器技术使计算机整体运算速度与处理能力得到了极大提高。除了向微型化和巨型化发展之外，中小型计算机也有各自的应用领域和发展空间。在注意运算速度提高的同时，提倡功耗小、对环境污染小的绿色计算机和提倡综合应用的多媒体计算机已经被广泛应用，多极化的计算机家族还在迅速发展中。

（2）网络化。计算机网络是计算机技术发展的重要分支，是现代通信技术与计算机技术结合的产物。网络化就是通过通信线路和设备将分布在不同地理位置的计算机连接起来，按照网络协议互相通信，共享软件、硬件和数据资源。计算机网络是计算机发展的一个主要趋势。

（3）多媒体化。媒体是存储和传输信息的载体，文本、声音、图像等都是常见的信息载体。过去的计算机只能处理数值信息和字符信息，即单一的文本媒体。近几年发展起来的多媒体计算机则集多种媒体信息的处理功能于一身，实现了图、文、声、像等各种信息的收集、存储、传输和编辑处理，被认为是信息处理领域在 20 世纪 90 年代出现的又一次革命。

（4）智能化。智能化是未来新一代计算机的重要特征之一，如能自动接收和识别指纹的门控装置，能听从驾驶员语音指示的车辆驾驶系统等。通过让计算机模拟人的感觉、行为、思维过程，使计算机具有视觉、听觉、语言、推理、思维、学习等能力将是计算机发展的重要目标。

二、计算机的特点

计算机能够按照程序指令，对输入的数据进行运算、存储、传输，从而得到人们需要的信息。计算机之所以能够应用于各个领域，是由于它具有如下特点。

(1) 运行速度快。
(2) 计算精度高。
(3) 存储容量大。
(4) 逻辑判断能力强。
(5) 可靠性高。
(6) 通用性强。

三、计算机系统的组成

完整的计算机系统由硬件系统和软件系统两部分组成，硬件系统是软件系统工作的基础，而软件系统又控制着硬件系统的运行，两者相辅相成，缺一不可。硬件系统是能够看得见、摸得着的实际物理设备。软件系统是为了运行、管理和维护计算机所编制的各种程序的总和，分为系统软件和应用软件。计算机系统的组成如图 2-3-1 所示。

城市轨道交通**自动售检票系统**

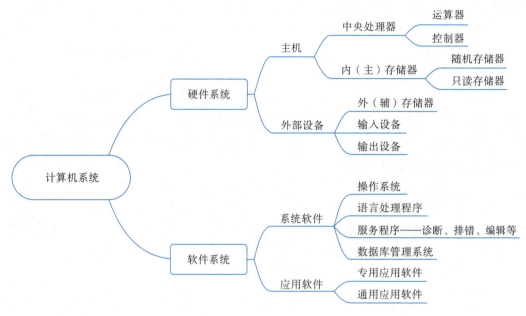

图 2-3-1 计算机系统的组成

1. 计算机的硬件系统

1）中央处理器

计算机的中央处理器(Central Processing Unit，CPU)包括运算器和控制器两部分，是计算机的核心部件，如图 2-3-2 所示。

图 2-3-2 CPU 的正反面

运算器的主要功能是进行算术运算和逻辑运算，运算器包括算术逻辑单元、累加器、状态寄存器、通用寄存器。算术逻辑运算单元负责四则运算，与、或、非、异或等逻辑操作。运算器处理的数据来自存储器，处理后的结果数据通常送回存储器，或暂时寄存在运算器中。

　　控制器由程序计数器、指令寄存器、指令译码器、时序产生器和操作控制器组成，它是发布命令的"决策机构"，即完成协调和指挥整个计算机系统的操作。在计算机中，程序进入存储器后，控制器完成取指令和执行指令的任务，分析从存储器取出的信息，然后向计算机各个部分发出各种控制信号，指挥与协调计算机自动、有序地工作。

　　CPU在计算机中的地位类似于人的心脏，CPU的品质直接决定了一个计算机系统的档次。反映CPU品质的最重要的指标是主频和字长。主频即时钟频率，代表了CPU的工作速度，一般来说，主频越高，一个时钟周期里CPU完成的指令数就越多，CPU的运算速度也就越快。字长指CPU能够同时处理的二进制数据的位数。人们通常所说的8位机、16位机、32位机和64位机就是CPU可以同时处理8位、16位、32位和64位的二进制数据。

　　2）存储器

　　存储器是计算机的记忆和存储部件，用来存放信息。对于存储器而言，容量越大，存取速度越快、越好。存储器的工作速度是制约计算机运算速度的主要因素之一。存储器一般分为内存储器和外存储器。

　　内存储器简称为内存，如图2-3-3所示。通常把向存储器存入数据的过程称为写入，而把从存储器取出数据的过程称为读出。

　　内存储器分为随机存储器（Random Access Memory，RAM）和只读存储器（Read-only Memory，ROM）。RAM在物理硬件上又叫"内存条"，在计算机运行过程中可以随时读出所存放的信息，也可以随时写入新的内容。CPU直接与RAM发生数据交换，断电后存储的信息会丢失。ROM只能读出原有的内容，不能由用户再写入新内容。它一般用来存放专用的固定程序和数据，断电后信息不会丢失。

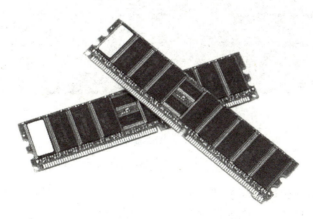

图2-3-3　内存

和内存储器相对应的另外一种存储器叫外存储器,又称辅助存储器,简称外存或辅存。外存的存取速度比内存慢,但存储容量大,价格较低,可以长期保存存储的程序或数据,存放在外存中的程序或数据必须调入内存后才能运行。常见的外存储器有硬盘、软盘、光盘、闪存和磁带等,如图2-3-4所示。

机械硬盘　　　　　　固态硬盘　　　　　　U盘

图2-3-4　外存

3)输入设备

输入设备是外界向计算机发送信息的装置,即将数据、程序、文字符号、图像及声音等信息输送到计算机中的设备。在计算机系统中,常用的输入设备有键盘、鼠标和扫描仪等。

键盘是计算机最主要的输入设备,是用户与计算机进行交流的主要工具。键盘上的字符信号由按键的位置决定,字符信号通过编码器转换成相应的二进制码,然后由键盘输入接口电路送入计算机。常用键盘有104键和107键两种。104键键盘分布如图2-3-5所示。

图2-3-5　104键键盘分布

4)输出设备

输出设备是将各种计算结果数据或信息以数字、字符、图像及声音等形式表示出来。也就是说它是将计算机中的数据信息传送到外部媒介,并转化为人们所认识的表示形式。

显示器是必备的输出设备，它是将电信号转换成可视信号的设备。常用的有阴极射线管显示器、液晶显示器和等离子显示器。如图2-3-6所示为阴极射线管显示器，虽然其制造工艺成熟，性价比高，但因体积较大，近年来已逐步被淘汰。如图2-3-7所示为液晶显示器，其技术已逐步成熟，并且因显示图像清晰、体积小等因素已逐步占据显示器市场的主导地位。

图2-3-6　阴极射线管显示器　　　　图2-3-7　液晶显示器

要想正确显示信息，显示器必须通过显卡连接到计算机的主板上。显卡是显示器和主机的接口。显卡又叫显示适配器，是计算机最基本的组成部分之一。它的用途是将计算机系统所需要的显示信息进行转换驱动，并向显示器提供逐行或隔行扫描信号，控制显示器的正确显示，是连接显示器和计算机主板的重要元件，是"人机对话"的重要设备之一。显卡作为计算机主机里的重要组成部分，承担显示图形的任务。除了显示器外，常见的其他输出设备主要有打印机、音箱、投影仪、绘图仪、刻字机等。

2.计算机软件系统

1）系统软件

①操作系统。它是底层的系统软件，也是对硬件系统功能的首次扩充，更是其他系统软件和应用软件能够在计算机上运行的基础。操作系统实际上是一组程序，它们用于统一管理计算机中的各种软、硬件资源，合理地组织计算机的工作流程，协调计算机系统各部分之间、系统与用户之间、用户与用户之间的关系。操作系统在计算机系统中占有非常重要的地位。常用的操作系统有Windows、Unix、Linux等。如图2-3-8和2-3-9所示为Windows 10和Linux操作系统的界面。

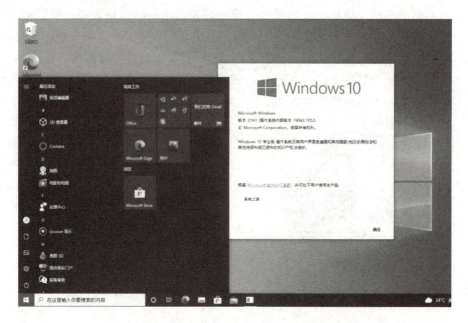

图 2-3-8　Windows 10 操作系统

图 2-3-9　Linux 操作系统

②语言处理程序。程序设计语言是用来编写程序的语言，它是人与计算机之间交换信息的渠道。程序设计语言是软件系统的重要组成部分，而相应的各种语言处理程序属于系统软件。程序设计语言一般分为机器语言、汇编语言和高级语言 3 类。机器语言是底层的计算机语言。用机器语言编写的程序，计算机硬件可以直接识别。汇编语言是为了便于理解与记忆，将机器语言用助记符代替而形成的一种语言。高级语言与具体的计算机硬件无关，其表达方式接近于人描述问题的方式，易为人们所接受和掌握。用高级语言编写程序要比低级语言容易得多，并大大简化了程序的编制和调试，

使编程效率得到大幅度的提高。高级语言的显著特点是独立于具体的计算机硬件,并且通用性和可移植性好。

语言处理程序就是把汇编或高级语言程序翻译成计算机硬件可以直接处理的机器语言,存放于计算机内存中供计算机系统执行。语言处理程序与程序设计语言、具体硬件类型是密切相关的,程序设计语言和硬件不同时,必须配以相应的语言处理程序。

③服务程序。服务程序有编辑程序、计算机硬件初始化程序和测试排错程序等,主要用于计算机设备自身的应用服务。例如,内存检查,优化管理,磁盘格式化、查错,光盘写入,网络连接等都属于服务程序。

④数据库管理系统。随着计算机在信息处理、情报检索及各种管理系统中应用的发展,要求大量处理某些数据,建立和检索大量的表格。如果将这些数据和表格按一定的规律组织起来,可以使这些数据和表格处理起来更快捷,用户使用的时候也更方便,于是出现了数据库。数据库就是相关数据的集合,数据库和管理数据库的软件构成了数据库管理系统,数据库管理系统目前有许多种类型,例如,常用的关系数据库有Access、Sybase、Oracle、SQL Server 和 DB 2 等。

数据库基础

2)应用软件

①专用软件。专用软件是指专为某些单位和行业开发的软件,是用户为了解决特定的具体问题而开发的,其使用范围限定在某些特定的单位和行业。例如,火车站或汽车站的票务管理系统、人事管理部门的人事管理系统和财务部门的财务管理系统等。

②通用软件。通用软件是为实现某种特殊功能而经过精心设计的、结构严密的独立系统,是一套满足同类通用的许多用户所需要的软件。通用软件适应信息社会各个领域的应用需求,每一领域的应用具有许多共同的属性和要求,具有普遍性。例如,微软公司发布的 Office 2016 通用软件包,包含 Word 2016、Excel 2016、PowerPoint 2016、Access 2016 等通用软件。

知识单元二 操作系统简介

在计算机中,操作系统是其最基本也是最为重要的基础性系统软件。操作系统是一组主管并控制计算机操作、运用硬件与软件资源和提供公共服务来组织用户交互的相互关联的系统软件程序。任何其他软件都必须在操作系统的支持下才能运行。根据运行的环境,操作系统可以分为桌面操作系统,手机操作系统,服务器操作系统,嵌入式操作系统等。

计算机操作系统基础

经过几十年以来的发展,计算机操作系统已经由一开始的简单控制循环体发展成为较为复杂的分布式操作系统,再加上计算机用户需求的愈发多样化,计算机操作系统已经成为既复杂而又庞大的计算机软件系统之一。

一、操作系统的发展

操作系统与计算机硬件的发展息息相关。开发操作系统原为提供简单的工作排序能力,后为辅助更新更复杂的硬件设施而渐渐演化。

最初的电脑没有操作系统,人们通过各种按钮来控制计算机,后来出现了汇编语言,操作人员通过有孔的纸带将程序输入电脑进行编译。这些将语言内置的电脑只能由人们自己编写程序来运行,不利于程序、设备的共用。为了解决这种问题,就出现了操作系统,这样就很好地实现了程序的共用,以及对计算机硬件资源的管理。

随着计算技术和大规模集成电路的发展,微型计算机迅速发展起来。从20世纪70年代中期开始出现了计算机操作系统。1976年美国数字研究(Digital Research)软件公司研制出8位的CP/M操作系统。这个系统允许用户通过控制台的键盘对系统进行控制和管理,其主要功能是对文件信息进行管理,以实现其他设备文件或硬盘文件的自动存取。此后出现的一些8位操作系统多采用CP/M结构。

二、操作系统的主要功能

操作系统可以对计算机系统的各项资源板块开展调度工作,其中包括软硬件设备、数据信息等。运用计算机操作系统可以减少人工资源分配的工作强度,使用者对于计算的操作干预程度减少,计算机的智能化工作效率得到很大的提升。

操作系统主要包括以下几个方面的功能:

①进程管理。其工作主要是进程调度,在单用户单任务的情况下,处理器仅为一个用户的一个任务所独占,进程管理的工作十分简单。但在多道程序或多用户的情况下,组织多个作业或任务时,就要解决处理器的调度、分配和回收等问题。

②存储管理。分为存储分配、存储共享、存储保护、存储扩张。

③设备管理。分为设备分配、设备传输控制、设备独立性。

④文件管理。文件存储空间的管理、目录管理、文件操作管理、文件保护。

⑤作业管理。负责处理用户提交的任何要求。

三、操作系统分类

1. 按照应用领域分类

1)桌面操作系统

桌面操作系统,顾名思义,是具有图形化界面的操作系统。在桌面操作系统诞生之前,最有名的操作系统就是DOS,但是DOS的操作界面十分不友好,仅仅是代码而已。为此微软公司推出了第一个图形界面操作系统Windows 1.0,尽管只有256色,但是在当时已经足够吸引人了。随着信息技术的不断发展,如今已形成了mac OS、

Windows、Linux 三足鼎立的局面。

2）服务器操作系统

服务器操作系统一般指的是安装在大型计算机上的操作系统。相对于桌面操作系统，服务器操作系统要承担额外的管理、配置、稳定、安全保证等功能。

目前具有代表性的服务器操作系统有 Windows Server、Netware、Unic、Linux。

3）嵌入式操作系统

嵌入式操作系统是一种用途广泛的系统软件，通常包括与硬件相关的底层驱动软件、系统内核、设备驱动接口、通信协议、图形界面、标准化浏览器等。

目前具有代表性的嵌入式操作系统有嵌入式实时操作系统 μC/OS-2、嵌入式 Linux、Windows Embedded、VxWorks，以及应用在智能手机和平板电脑上的 Android、iOS 等。

4）手机操作系统

手机操作系统是一种应用在智能手机上的系统软件。按照源代码、内核和应用环境等的开放程度划分，智能手机操作系统可分为开放型平台（基于 Linux 内核）和封闭型平台（基于 Unix 和 Windows 内核）两大类。

主流的智能手机操作系统有谷歌公司的 Android 和苹果公司的 iOS 以及华为公司的 Harmony OS 等。

2. 按照所支持用户数分类

根据在同一时间使用计算机用户的多少，操作系统可分为单用户操作系统和多用户操作系统。

1）单用户操作系统

单用户操作系统是指一台计算机在同一时间只能由一个用户使用，一个用户独自使用系统的全部硬件和软件资源。

目前具有代表性的单用户操作系统有 MS-DOS、OS/2、Windows。

2）多用户操作系统

同一时间允许多个用户同时使用计算机，则称为多用户操作系统。

目前具有代表性的多用户操作系统有 Unix、Linux、MVS。

3. 按照源码开放程度分类

1）开源操作系统

开源操作系统就是公开源代码的操作系统软件。可以遵循开源协议进行使用、编译和再发布。在遵守开源协议的前提下，任何人都可以免费使用，随意控制软件的运行方式。

目前具有代表性的开源操作系统有 Linux、FreeBSD。

2) 闭源操作系统

闭源操作系统和开源操作系统相反，指的是不开放源码的操作系统。

目前具有代表性的闭源操作系统有 Mac OS X、Windows。

知识单元二　自动售检票计算机系统简介

自动售检票计算机系统包括了中心级、线路级和车站级计算机系统，下面对 AFC 系统架构中的各层计算机系统在硬件物理结构和计算机系统逻辑架构两方面进行了简要的说明。

一、轨道交通清分中心计算机系统概述

轨道交通清分中心（AFC Clearing Center，ACC），负责实现一卡通、一票通等不同规则的票卡的票务管理和结算。

1. ACC 计算机系统硬件

包括数据库服务器、SAN 磁盘阵列柜、E/S、UPS、报表服务器、读写器、编码分拣机、交换机和存储设备等。ACC 主要硬件设备如图 2-3-10 所示：

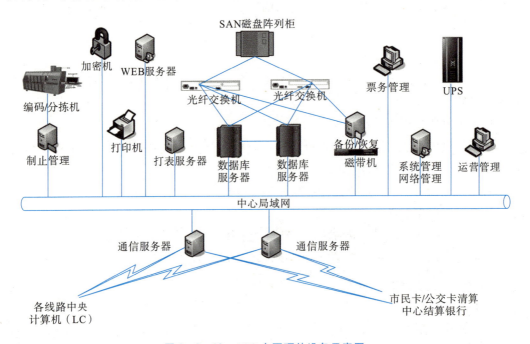

图 2-3-10　ACC 主要硬件设备示意图

2. ACC 计算机系统逻辑架构

ACC 的总体逻辑架构如图 2-3-11 所示：

项目二　自动售检票系统基础知识

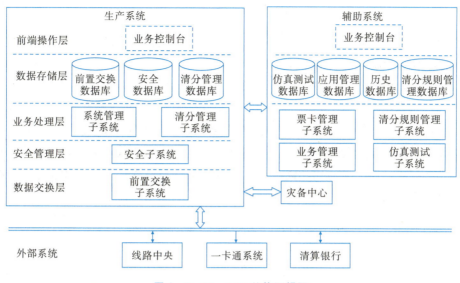

图 2-3-11　ACC 总体逻辑图

二、线路中心系统概述

线路中心计算机系统由在控制中心设置的两套主服务器、两台通信前置服务器、两台存储交换机、磁盘阵列和磁带库、票务管理服务器、数据交换服务器、历史数据比较服务器、文档服务器、网管服务器、两台以太网中心交换机和工作站构成。线路中心计算机系统为轨道交通自动售检票系统的核心系统，能实现对轨道交通自动售检票系统内的所有设备的监控，能实现系统运作、收益及设备维护集中管理功能，能实现系统数据的集中采集、统计及管理功能。

1. LC 计算机系统硬件

设备包括应用服务器、数据服务器、SAN 磁盘阵列柜、磁带机等。

LC 物理结构如图 2-3-12 所示：

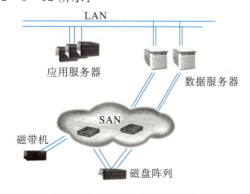

图 2-3-12　LC 物理结构图

2. LC 计算机系统逻辑架构

系统逻辑架构是基础技术架构,是业务需求转换成技术需求后,保证技术实现的逻辑概念。LC 逻辑架构如图 2-3-13 所示。

LC 作为线路的核心管理系统,承担着全线路的运营管理,包括:票务政策制定、财务管理及各车站计算机中心(Station Computer,SC)、车站终端设备(Station Locale Equipment,SLE)的协调。基于这种对 LC 的复杂要求,按照 LC 功能的不同服务范围和业务定义,把 LC 功能归纳划分为三个逻辑层,包括:支持业务层、核心业务层、增强扩展业务层。同时建立通用功能,为以上各层提供服务支持。同时预留手机付费的清分功能、AFC 系统的扩展条件和软硬件接口。

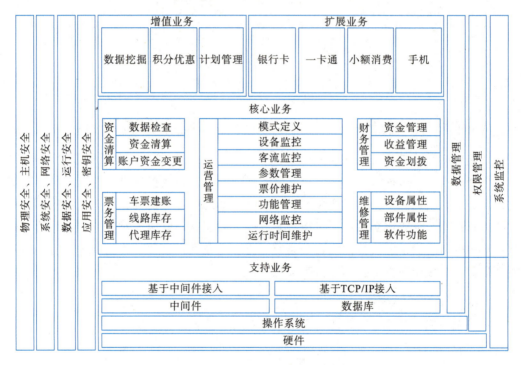

图 2-3-13 LC 逻辑架构图

3. 车站计算机系统

该部分内容会在本书项目四的任务四中作详细说明,此处不再赘述。

项目二
自动售检票系统基础知识

任务四 自动售检票系统网络基础

知识单元一 网络技术基础

一、计算机网络定义

学术界对于计算机网络的精确定义目前尚未统一，最简单、直接的定义：计算机网络是一些互相连接的、自治的计算机的集合。它透露出计算机网络的三个基本特征：多台计算机，通过某种方式连接在一起，能独立工作。

计算机网络的专业定义：利用通信设备和通信介质将地理位置不同、具有独立工作能力的多个计算机系统互连起来，并按照一定通信协议进行数据通信，以实现资源共享和信息交换为目的的系统。如图 2-4-1 所示。

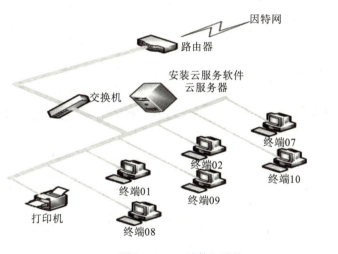

自动售检票系统
网络基础

图 2-4-1 计算机网络

一个完整的计算机网络包括四部分：计算机系统、网络设备、通信介质和通信协议。

计算机系统：由计算机硬件系统和软件系统构成。如 PC 机、工作站和服务器等。

网络设备：即具有转发数据等基本功能的设备。如中继器、集线器、交换机等。

通信介质：即通信线路。如同轴电缆、双绞线、光纤等。

通信协议：即计算机之间通信所必须遵守的规则。如以太网协议、令牌环协议等。

用一条连线将两台计算机连接起来，这种网络没有中间网络设备的数据转发环节，也不存在数据交换等复杂问题，可以认为是最简单的计算机网络。而因特网（Internet）是由数以万计的计算机网络通过数以万计的网络设备互联而成，堪称"国际互联网"，

· 47 ·

是世界上最大的计算机网络系统。

二、计算机网络的发展历程

1. 计算机网络的产生与发展

1) Internet 的起源与基础

从某种意义上讲，Internet 可以说是美、苏冷战的产物。1962 年，美国国防部在军事上为了对抗苏联，提出设计一种分散的指挥系统构想，1969 年，为了对上述构想进行验证，美国国防部高级研究计划署资助建立了一个名为 ARPAnet 的实验网络，当时主要是由位于美国不同地理位置的四台主机构成，所以 ARPAnet 就是 Internet 的雏形了。

Internet 的发展经历了三个阶段，现在逐渐走向成熟。从 1969 年 Internet 的前身 ARPAnet 的诞生到 1983 年是研究试验阶段，主要是进行网络技术的研究和试验；1983 年到 1994 年是 Internet 的实用阶段，主要用于教学、科研和通信的学术网络；1994 年以后，Internet 开始进入商业化阶段，政府部门、商业企业以及个人开始广泛使用 Internet。

2) 我国计算机网络的产生与发展

1987 年 9 月 14 日，钱天白教授发出了我国第一封电子邮件，揭开了中国人使用 Internet 的序幕。我国计算机网络早期以局域网络技术为主，大规模的网络建设是在 1989 年以后，如表 2-4-1 所示。

表 2-4-1　我国计算机网络的发展

时间	事件
20 世纪 60 年代初	计算机技术与通信技术相结合的研究课题开始提上日程，也就有了网络的早期研究与应用
20 世纪 60 年代中后期	建立了卫星地面测控系统（计算机与电话网专线结合的系统）
20 世纪 70 年代	计算机通信系统的应用扩展到国民经济领域
20 世纪 80 年代以后	局域网开始在国内应用，金融、气象、石化等部门开始率先建设专用广域计算机网，包括各种管理信息系统、办公自动化系统和金融电子化等专用业务网
20 世纪 80 年代中期到 1993 年	中国计算机互联网发展的重要时期，主要由高等院校和研究所的一些学者倡导和推动，为中国计算机互联网的形成和发展在技术、人才方面准备了条件
1993 年	建成中国公用分组交换网
1995 年 4 月	中国科技网开通

续表

时间	事件
1995年12月	"中国教育和科研计算机网示范工程"建设完成
1996年1月	中国公用计算机互联网全国骨干网建成并正式开通
2000年11月7日	中国互联网络信息中心(China Internet Network Information Center，CNNIC)中文域名注册系统全面升级，推出".CN"".中国"".公司"".网络"为后缀的中文域名服务
2003年8月	国务院正式批复启动"中国下一代互联网示范工程"：CNGI(China Next Generation Internet)
2005年	以博客为代表的Web 2.0概念推动了中国互联网的发展
2007年11月1日	七项信息安全、国家标准正式实施
截至2017年底	中国互联网络信息中心统计数据显示，截至2017年12月，我国网民规模达7.72亿，普及率达到55.8%，超过全球平均水平(51.7%)4.1个百分点，超过亚洲平均水平(46.7%)9.1个百分点。我国网民规模继续保持平稳增长，互联网模式不断创新、线上线下服务融合加速以及公共服务线上化步伐加快，成为网民规模增长的推动力

2. 计算机网络的发展

计算机网络经历了从简单到复杂，从单一主机到多台主机，从终端与主机之间的通信到计算机与计算机之间的直接通信等阶段，其发展历程大致可划分为四个阶段。

1)第一阶段：计算机技术与通信技术相结合(诞生阶段)

20世纪60年代末，是计算机网络发展的萌芽阶段。此时，计算机是只具有通信功能的单机系统，一台计算机经通信线路与若干终端直接相连，该系统被称为面向终端的网络，是早期计算机网络的主要形式。如图2-4-2所示。

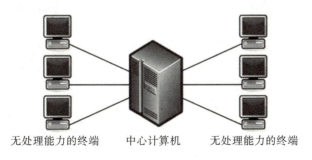

图2-4-2　第一阶段的计算机网络

2）第二阶段：计算机网络具有通信功能（形成阶段）

第二阶段的计算机网络（图2-4-3）是以多个主机通过通信线路互联起来，为用户提供服务，主机之间不直接用线路相连，而是由接口报文处理机转接后互连的。接口报文处理机和它们之间互连的通信线路一起负责主机间的通信任务，构成了通信子网。通信子网互联的主机负责运行程序，提供资源共享，组成了资源子网。

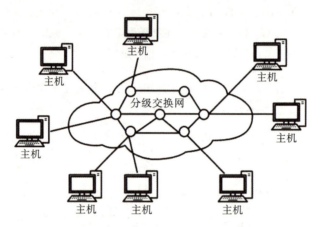

图2-4-3　第二阶段的计算机网络

这个时期，"以能够相互共享资源为目的互联起来的具有独立功能的计算机的集合体"，是计算机网络的基本概念。

3）第三阶段：计算机网络互联标准化（互联互通阶段）

20世纪70年代末80年代初，网络发展到第三阶段，主要体现在如何构建一个标准化的网络体系结构，使不同公司或部门的网络系统之间可以互联、相互兼容，增加互操作性，从而实现各公司或部门间计算机网络资源的最大共享。

这一阶段典型的标准化网络结构如图2-4-4所示，通信子网的交换设备主要是路由器和交换机。

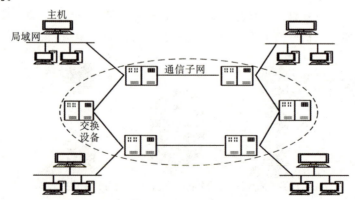

图2-4-4　第三阶段的计算机网络

4)第四阶段：计算机网络高速和智能化发展（高速网络技术阶段）

进入20世纪90年代，随着计算机网络技术的迅猛发展，特别是1993年美国宣布建立国家信息基础设施（National Information Infrastructure，NII）后，全世界许多国家都纷纷制定和建立本国的NII，从而极大地推动了计算机网络技术的发展，使网络发展进入了世界各个国家的骨干网络建设、骨干网络互联与信息高速公路的发展阶段，也使计算机网络的发展进入一个崭新的阶段，即计算机网络高速和智能化阶段，如图2-4-5所示。

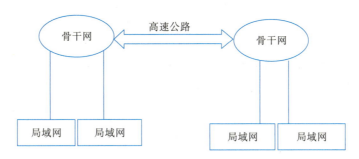

图2-4-5 网络互联与信息高速公路

3. 计算机网络的发展方向

随着网络技术的发展，如何解决带宽不足和提高网络传输率成为首要问题。目前，各国都非常重视网络基础设施的建设。美国在1993年提出了信息高速公路的概念，并建设了Internet II网络。我国也逐渐重视网络基础设施的建设，近年来，局域网技术取得了较大发展，以太网的速度已经从10 Mb/s提高到1Gb/s，现在新制定的标准又使以太网的速率达到了10 Gb/s。以太网的传输距离已经从原来局域网的范围达到了城域网的范围，新的以太网标准又使以太网技术可以应用于广域网。随着以太网的发展，局域网与广域网之间的界限变得越来越模糊了。

网络发展的另一个方向是实现三网合一。所谓三网合一，即将目前存在的电话通信网、有线电视网和计算机通信网三大网络合并成一个网络，如图2-4-6所示。

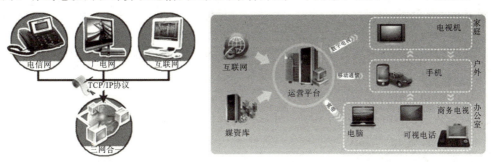

图2-4-6 三网合一示例图

三、计算机网络的组成

1. 计算机网络子网系统

计算机网络的基本功能可分为数据处理与数据通信两大部分，因此它所对应的结构也分成两个部分：负责数据处理的计算机与终端设备；负责数据通信的通信控制处理机与通信线路。所以，从计算机网络的通信角度看，典型的计算机网络按其逻辑功能可以分为"计算机资源子网"和"计算机通信子网"，如图2-4-7所示。

1）计算机资源子网

计算机资源子网的基本功能是负责全网的数据处理业务，并向网络用户提供各种网络资源和网络服务。计算机资源子网由拥有资源的主计算机、请求资源的用户终端、联网的外设、各种软件资源及信息资源等组成。

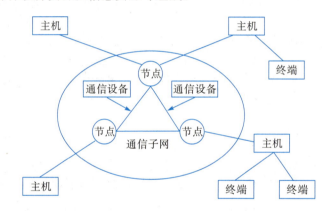

图2-4-7 计算机网络组成示意图

计算机资源子网的组成如下。

(1)主计算机。

主计算机系统简称为主机，它可以是大型机、中型机、小型机、工作站或微机。主机是资源子网的主要组成单元，它通过高速通信线路与通信子网的通信控制处理机相连接。

(2)终端。

终端是用户访问网络的界面。终端一般是指没有存储与处理信息能力的简单输入、输出设备，也可以是带有微处理机的智能终端。

(3)网络共享设备。

网络共享设备一般是指计算机的外部设备，例如高速网络打印机、高档扫描仪等。

2）计算机通信子网

计算机通信子网的基本功能是提供网络通信功能，完成全网主机之间的数据传输、交换、控制和变换等通信任务；负责全网的数据传输、转发及通信处理等工作。计算机通信子网由通信控制处理机、通信线路及信号变换设备等通信设备组成。

(1)通信控制处理机。

通信控制处理机在网络拓扑结构中称为网络结点，是一种在数据通信系统中负责网络中的数据通信、传输和控制的专门计算机或具有同等功能的计算机部件。

(2)通信线路。

通信线路，即通信介质，指为通信控制处理机与主机之间提供数据通信的通道。

(3)信号变换设备。

信号变换设备的功能是根据不同传输系统的要求对信号进行变换。

2. 计算机网络软硬件系统

1)计算机网络硬件部分

计算机网络硬件系统包括计算机、通信控制设备和网络连接设备。计算机是信息处理设备，属于资源子网的范畴。

2)计算机网络软件部分

计算机网络软件主要包括网络操作系统、网络通信协议以及网络应用软件等。

四、计算机网络的功能及分类

1. 计算机网络的功能

计算机网络主要的，也是最基本的功能可归纳为以下五点：

(1)资源共享。

(2)数据通信。

(3)高可靠性。

(4)信息管理。

(5)分布式处理。

2. 计算机网络的分类

计算机网络可以按照不同的方式进行分类。最常用的四种分类方法：根据网络传输技术分类、根据网络的分布距离范围分类、根据网络使用的传输介质分类、根据网络协议分类。

1)按网络传输技术进行分类

(1)广播式网络。

(2)点对点式网络。

2)按网络分布距离范围进行分类

(1)局域网。

局域网(Local Area Network，LAN)用于将有限范围内(如一个实验室、一幢大楼、一个校园)的各种计算机、终端与外部设备互联成网。

(2)城域网。

城域网(Metropolitan Area Network，MAN)是一种大型的 LAN。它的覆盖范围介于局域网和广域网之间，一般是在一个城市范围内组建的网络。

(3)广域网。

广域网(Wide Area Network，WAN)是在一个广阔的地理区域内进行数据、语音、图像信息传送的通信网，地理范围比较大。广域网通常能覆盖一个城市、一个地区、一个国家、一个洲，甚至全球。

LAN、MAN 和 WAN 的比较，如表 2-4-2 所示。

表 2-4-2 局域网、城域网和广域网的比较

内容	LAN	MAN	WAN
范围概述	较小范围计算机通信网	较大范围计算机通信网	远程网或公用通信网
网络覆盖的范围	20 m 以内	几万米	几千米到几万千米
数据传输速率	100Mb/s～10Gb/s	56kb/s～55Mb/s	9.6kb/s～45Mb/s
传输介质	有线介质：同轴电缆、双绞线、光缆	无线介质：微波、卫星 有线介质：光缆	有线介质或无线介质：公用数据网、公共电话网、数字数据网络、综合业务数字网、光缆、卫星、微波
信息误码率	低	较高	高
拓扑结构	简单、总线型、星型、环型、网状型	环型	复杂、网状

3)按传输介质分类

根据网络的传输介质，可以将网络分为有线网和无线网。有线网根据线路的不同又分为同轴电缆网、双绞线网和光纤网等。无线网则是卫星无线网和使用其他无线通信设备的网络。

(1)有线介质。

①同轴电缆。同轴电缆由两个导体组成：一个空心圆柱形导体(网状)围裹着一个实心导体。其结构图如图 2-4-8 所示。

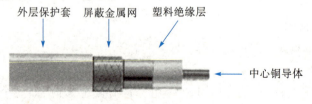

图 2-4-8 同轴电缆结构图

②双绞线。双绞线是由两根相互绝缘的铜导线，按照一定的规格互相缠绕在一起而成的网络传输介质。双绞线主要是用来传输模拟信号的，但同样适用于数字信号的传输，如图2-4-9所示。

双绞线按是否进行屏蔽分为屏蔽双绞线（Shielded Twisted-pair，STP）和非屏蔽双绞线（Unshielded Twisted-pair，UTP），如图2-4-10、图2-4-11所示。

图2-4-9　双绞线示意图　　　图2-4-10　屏蔽双绞线（STP）　　　图2-4-11　非屏蔽双绞线（UTP）

③光纤。光纤和同轴电缆相似，只是没有网状屏蔽层。中心是光传播的玻璃芯（纤芯）。纤芯外面包围着一层折射率比较低的玻璃封套（包层），以使光纤保持在芯内。再外面的是一层薄的塑料外套，用来保护封套。光纤通常被扎成束，外面有外壳保护。纤芯通常是由石英玻璃制成的横截面积很小的双层同心圆柱体，它质地脆，易断裂，因此需要外加防护层，其结构如图2-4-12所示。

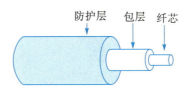

图2-4-12　光纤结构

光纤按照模数分为单模光纤（Single Mode Fibre，SMF）和多模光纤（Multi Mode Fibre，MMF）。单模光纤中光的传输如图2-4-13所示，多模光纤中光的传输如图2-4-14所示。

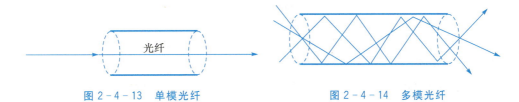

图2-4-13　单模光纤　　　　　　　　　图2-4-14　多模光纤

(2)无线介质。

①地面微波。

a. 通过地面站之间接力传送。

b. 接力站之间距离：50～100 km。

c. 速率：每信道 45 Mb/s。

地面微波如图 2-4-15 所示。

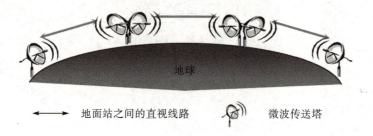

图 2-4-15　地面微波

②地球同步卫星。

a. 与地面站相对位置固定。

b. 使用 3 颗卫星即可覆盖全球。

c. 传输延迟时间长（约 270 ms）。

d. 广播式传输。

地球同步卫星示意图如图 2-4-16 所示。

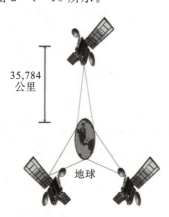

图 2-4-16　地球同步卫星

4）按协议分类

按照协议对网络进行分类是一种常用的方法，多用在局域网中。分类所依照的协议一般是指网络所使用的底层协议。例如，在局域网中主要有两种协议，一种是以太网，另一种是令牌环网。以太网用的网络接口层（底层）协议为 802.3 标准，这个标准在制定时就参考了以太网协议，所以人们把这种网络称为以太网。令牌环网的协议标准是 802.5 标准，这个标准在制定时参考了国际商业机器公司（International Business Machines Corporation，IBM）公司著名的环网协议，所以这种网络又称为令牌环网。广域网也有类似的例子。分组交换网遵循 X.25 协议的标准，所以这种广域网经常称为X.25 网。除此之外，还有帧中继网和异步转移模式网等。

五、计算机网络的拓扑结构

计算机网络的拓扑结构是指计算机网络节点和通信链路所组成的几何形状，也可以描述为网络设备及它们之间的互联布局或关系，可以分成两大类，一类是无规则的拓扑，一般广域网采用这种拓扑结构，称为网状网；还有一类是有规则的拓扑，这种拓扑结构的图形一般是有规则的、对称的，局域网多采用这种拓扑结构。计算机的拓扑结构有很多种，下面介绍最常见的几种。

1. 总线型拓扑结构

总线型拓扑结构采用单一的通信线路（总线）作为公共的传输通道。所有的节点都通过相应的接口直接连接到总线上，并通过总线进行数据传输。对总线结构而言，其通信网络中只有传输媒体，没有交换机等网络设备。所有网络站点都通过介质直接与传输媒体相连，如图 2-4-17 所示。

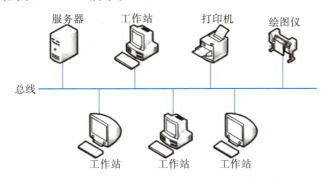

图 2-4-17　总线型拓扑结构

总线结构的网络简单、便宜，容易安装、拆卸和扩充，适于构造宽带局域网，如教学网，一般都采用总线结构。总线结构网络的主要缺点是对总线的故障敏感，总线一旦发生故障将导致网络瘫痪。

2. 环形拓扑结构

在环形拓扑结构中，各个网络节点通过环节点连在一条首尾相接的闭合环状通信线路中。环节点通过点到点链路连接成一个封闭的环，每个环节点都有两条链路与其他环节点相连，如图 2-4-18 所示。环形拓扑结构有两种类型，即单环结构和双环结构。令牌环（Token Ring）网采用单环结构，而光纤分布式数据接口是双环结构的典型代表。

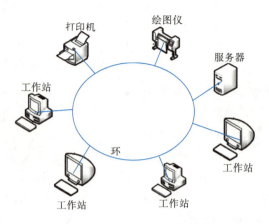

图 2-4-18 环形拓扑结构

3. 星形拓扑结构

在星形拓扑结构中,每个节点都由一条点到点的链路与中心节点相连,任意两个节点之间的通信都必须通过中心节点,如图 2-4-19 所示。中心节点通过存储转发技术实现两个节点之间的数据帧的传送,中心节点的设备可以是集线器中继器,也可以是交换机。目前,在局域网系统中,星形拓扑结构几乎取代了总线结构。

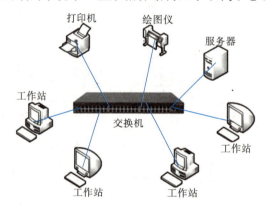

图 2-4-19 星形拓扑结构

4. 树形拓扑结构

树形拓扑结构是由总线型和星形演变而来的。它有两种类型:一种是由总线型拓扑结构派生出来的,它由多条总线连接而成,不构成闭合环路而是分支电缆;另一种是星形拓扑结构的扩展,各节点按一定的层次连接起来,信息交换主要在上、下节点之间进行。在树形拓扑结构中,顶端有一个根节点,它带有分支,每个分支还可以有子分支,其几何形状像一棵倒置的树或横置的树,故得名树形拓扑结构,如图 2-4-20 所示。

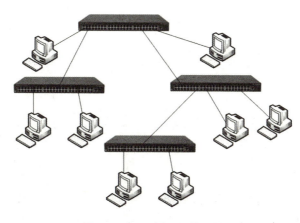

图 2-4-20 树形拓扑结构

5. 网状拓扑结构

网状拓扑结构又称完整结构。在网状拓扑结构中，网络节点与通信线路互连成不规则的形状，节点之间没有固定的连接形式，一般每个节点至少与其他两个节点相连，即每个节点至少有两条链路连到其他节点。数据在传输时可以选择多条路径，如图 2-4-21 所示。

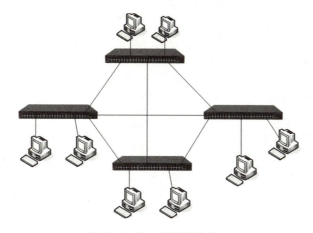

图 2-4-21 网状拓扑结构

网状拓扑的特点是节点间的通路比较多，当某一条线路出现故障时，数据分组可以寻找其他线路迂回，最终到达目的地，所以网络具有很高的可靠性。但该网络控制结构复杂，建网费用较高，管理也复杂。因此，一般只在大型网络中采用这种结构。有时，园区网的主干网也会采用节点较少的网状拓扑结构。我国教育科研示范网（CERNET）的主干网和国际互联网（Internet）的主干网都采用网状结构。其中，CERNET 主干网的拓扑结构如图 2-4-22 所示。

在网状网中，两个节点间传输数据与其他节点无关，所以又称为点对点的网络。

图 2-4-22 CERNET 主干网的拓扑结构

六、计算机网络的应用

计算机网络在资源共享和信息交换方面所具有的功能是其他系统所不能替代的，它的应用范围也比较广泛。下面介绍一些带有普遍和典型意义的应用领域。

1. 办公自动化

办公自动化是指利用先进的科学技术，尽可能充分地利用信息资源，提高生产、工作效率和质量，求取更好的经济效益。一般来说，一个较完整的办公自动化系统应当包括信息采集、信息加工、信息传输、信息保存四个环节，一般可分为事务型、管理型、决策型三个层次。办公自动化如图 2-4-23 所示。

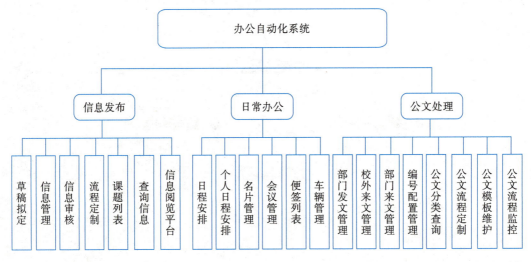

图 2-4-23 办公自动化

2. 电子数据交换

电子数据交换（Electronic Data Interchange，EDI）是一种利用计算机进行商务处理的新方法。电子数据交换将贸易、运输、保险、银行和海关等行业的信息，用一种国际公认的标准格式，通过计算机通信网络，使各有关部门、公司与企业之间进行数据交换与处理，并完成以贸易为中心的全部业务过程。电子数据交换如图 2-4-24 所示。

项目二
自动售检票系统基础知识

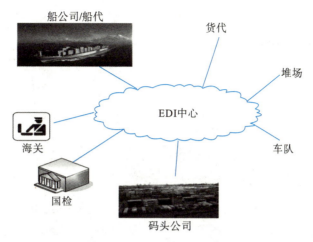

图 2-4-24 电子数据交换

3. 远程交换

远程交换是一种在线服务（Online Serving）系统，原指在工作人员与其办公室之间的计算机通信形式，按通俗的说法即为家庭办公，如图 2-4-25 所示。

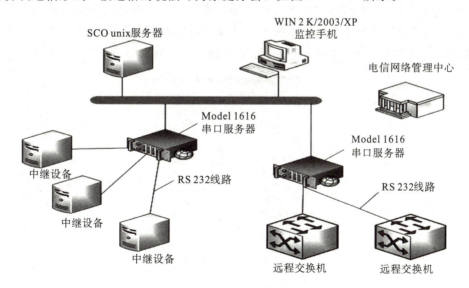

图 2-4-25 远程交换

4. 远程教育

远程教育是一种利用在线服务系统开展学历或非学历教育的全新教学模式（图 2-4-26），远程教育几乎可以提供大学所有的课程，学员们通过远程教育，同样可得到正规大学从学士到博士的所有学位。这种教育方式，对于已从事工作而仍想完成高学位的人士特别有吸引力。

• 61 •

城市轨道交通**自动售检票系统**

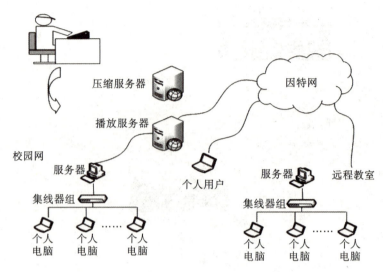

图 2-4-26　远程教育

5. 电子银行

电子银行(图 2-4-27)也是一种在线服务系统，是一种由银行提供的，基于计算机和计算机网络的新型金融服务系统。电子银行的功能包括金融交易卡服务、自动存取款作业、销售点自动转账服务、电子汇款与清算等，其核心为金融交易卡服务。

图 2-4-27　电子银行

6. 证券及期货交易

证券和期货市场通过计算机网络提供行情分析和预测、资金管理和投资计划等服务。证券及期货交易如图 2-4-28 所示。

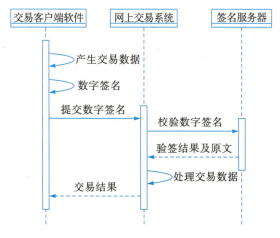

图 2-4-28 证券及期货交易

7. 娱乐和在线游戏

网络在线游戏正在逐渐成为互联网娱乐的重要组成部分。一般而言，电脑游戏可以分为四类：完全不具备联网能力的单机游戏、具备局域网联网功能的多人联网游戏、基于 Internet 的多用户小型游戏和基于 Internet 的大型多用户游戏（有大型的客户端软件和复杂的后台服务器系统）。

知识单元二　网络安全基础

对于被托管了个人通信和企业信息的网络，该网络必须是安全的。

一、安全威胁

不论是小到只有单个 Internet 连接的家庭网络，还是大到拥有数以千计用户的企业网络，网络安全都是计算机网络中不可或缺的一部分。实施网络安全必须考虑环境以及网络的工具和要求。必须能够保护数据安全，同时仍要满足网络的服务质量要求。

保护网络涉及使用各种协议、技术、设备、工具来保护数据和防御威胁。威胁因素可能来自外部，也可能来自内部。许多外部网络安全威胁通过 Internet 扩散。

网络最常见的外部威胁包括以下几种。

（1）病毒、蠕虫和特洛伊木马：在用户设备上运行的恶意软件和任意代码。

（2）间谍软件和广告软件：用户设备上安装的软件，秘密收集关于用户的信息。

（3）零日攻击（也称零小时攻击）：在出现漏洞的第一天发起的攻击。

（4）黑客攻击：由经验丰富的人员对用户设备或网络资源发起的攻击。

（5）拒绝服务攻击：意图使网络设备上的应用和进程减缓或崩溃的攻击。

(6)数据拦截和盗窃：通过公司网络捕获私人信息的攻击。

(7)身份盗窃：窃取用户的登录凭据来访问私人数据的攻击。

考虑内部威胁也同样重要。众多研究表明，大多数常见的数据泄密事件归因于网络的内部用户。这可以归因于设备丢失或失窃、员工意外误用，甚至是企业环境中员工的恶意行为。随着企业允许员工自带智能设备并使用企业内部应用的不断推进，企业数据更加容易受到攻击。因此，在制定安全策略时，解决外部和内部安全威胁都非常重要。

二、安全解决方案

任何一个解决方案都无法保护网络不受到各种现存的威胁，包括内部威胁和外部威胁，如图2-4-29所示。

图2-4-29 网络威胁

因此，应使用多个安全解决方案在多个层面上实施防御。当一个安全组件无法识别和保护网络时，其他组件仍然可以保护网络。

家庭网络安全的实施通常是最基本的。家庭网络安全通常在相连的终端设备上和网络的连接点处实施，甚至可以依赖于入侵防御系统提供的合同服务。

与此相反，企业网络的安全实施通常由内嵌在网络中的许多组件来监控和过滤流量。理想情况下，通过所有组件配合工作，可以最大限度地减少维护并提高安全性。

家庭或小型办公室的网络安全组件应至少包括以下几种。

(1)防病毒和反间谍软件：这些软件用于防止终端设备感染恶意软件。

(2)防火墙过滤：用于阻止未经授权访问网络。这可以是基于主机的防火墙系统，用于阻止未经授权访问终端设备；也可以是家用路由器上的基本过滤服务，用于阻止外部人员未经授权访问网络。

除上述内容外，大型网络和企业网络通常具有如下安全要求。

(1)专用防火墙系统：用于提供更高级的防火墙功能，更详细地过滤大量数据流。

(2)访问控制列表（Access Control Lists，ACL）：用于进一步过滤访问和流量转发。

（3）入侵防御系统（Intrusion Prevention System，IPS）：用于识别快速扩散的威胁，例如零日攻击或零小时攻击。

（4）虚拟专用网络（Virtual Private Network，VPN）：用于为远程员工提供安全访问。

网络环境必须考虑网络安全要求以及各种应用和计算要求。家庭环境和企业必须能够保护他们的数据，同时满足每种技术的预期服务质量。此外，实施的安全解决方案必须适应不断发展变化的网络趋势。

要想研究网络安全威胁和缓解技术，首先要清楚地了解用于组织网络服务的交换和路由基础设施。

知识单元三　自动售检票网络系统简介

自动售检票网络系统包括了中心级、线路级和车站级网络系统，下面对 AFC 系统架构中的各层网络系统的硬件物理结构和网络设备进行简要的说明。

一、轨道交通清分中心网络系统设备

清分中心网络系统设备主要包括：交换机、清分核心网络交换机、清分通信网络交换机、清分测试平台网络交换机、通信网络交换机、防火墙和入侵检测设备等。

1. 入侵检测系统

入侵检测设备主要作用是协助用户了解网络的内部安全状况，如病毒、蠕虫爆发监控。为用户的网络安全建设提供决策依据。及时发现网络内部出现的异常情况并告知用户及时处理。

2. 防火墙系统

防火墙系统是指通过安全策略的统一部署，实现隔离不同安全域，融合多种安全能力，针对恶意攻击、非法活动和网络资源滥用等威胁，实现精确防控的高可靠、高性能、易管理的防火墙设备。

二、线路中心网络系统设备

线路中心系统设备主要包括如下内容。

网络通信设备：网络通信设备是构建 LC 硬件运行平台的基础，通过网络通信设备提供标准的 TCP/IP 网络连接，实现虚拟局域网的划分，并提供相互之间的路由，实现有效的网络管理功能。

防火墙：网络系统安全设备，防止外部系统的安全攻击，同时支持网络地址转换和 VPN 功能。

光纤交换机：是一种高速的网络传输中继设备，采用了光纤电缆作为传输介质。

光纤传输的优点是速度快、抗干扰能力强。它的特点就是采用传输速率较高的光纤通道与服务器网络或者存储区域网络内部组件连接，这样，整个存储网络就具有非常宽的带宽，为高性能的数据存储提供了保障。图 2-4-30 所示为光纤交换机。

图 2-4-30　光纤交换机

三、车站级网络系统

该部分内容会在本书项目四的任务四中作详细说明，此处不再赘述。

任务五　自动售检票系统标准化发展趋势

我国城市轨道交通自动售检票系统（AFC 系统）的发展经历了引进、国产化和弯道超车三个阶段，相关高校、科研院所、企业等机构和单位在 AFC 系统上进行了大量的开发研制工作，技术水平也不断提高。目前我国自动售检票系统的发展已经处于国际领先地位，但仍然存在发展不平衡、不充分的问题。自动售检票等设备系统在关键内容、关键指标等方面仍然缺乏统一的技术要求。售检票方式的逐步多元化，也急需从运营角度对 AFC 系统提出相应的技术要求，以适应行业发展。

目前，国内大部分城市的轨道交通系统都是分期、分线路建设，因此存在同一线路不同标段、不同建设期的设备软硬件存在差异，不同线路的设备软硬件也存在差异的普遍现象。由于设备软硬件的标准不同或版本不统一，导致设备检修困难大、软件互通和调整困难大等问题。例如：2014 年，北京轨道交通由原先的 2 元单一票制调整为计程票制票价，北京轨道交通全路网 1.4 万余套设备进行了改造，修改了 12 家集成商的 56 个软件，更换了 2000 余台设备的核心部件，工作量极为庞大。因此，城市轨道交通自动售检票系统急需覆盖全系统、完善的 AFC 系统技术标准，解决硬件设备整机互换、模块互换、软件互换的难题，使每个厂家的模块都可以兼容地加入和移出自动售检票系统。

自动售检票系统标准化发展趋势

2022 年交通运输部印发《城市轨道交通自动售检票系统运营技术规范（试行）》，对城市轨道交通自动售检票系统建设的总体要求、系统性能、系统功能、运营安全、运营服务、质量控制等方面做出了详细规定。

知识单元一　自动售检票系统面临的问题

一、运营管理难度逐渐增大

随着城市轨道交通线网化规模的扩大，不同集成商和设备供应商会越来越多，不同集成商对需求的理解，系统架构的设计与实现方式不一致，并且所使用的软件开发环境、语言、工具、操作系统及数据库不统一，各层级之间的接口实现方式、业务的逻辑处理不同。

这些问题给运营管理带来很大挑战，当遇到一些需求系统软件需要升级变更，如新线开通接入，软件修复，需要协调不同的集成商进行升级改造，同时进行大量测试，升级部署费时费力，线网实施风险高。维修维护方面带来的界面和流程会越来越多，运营维护存在诸多不便，同时各线路故障处理的方式不同，区域化应急抢修存在困难，给安全运维保障带来挑战。乘客出行方面，软硬件的差异化给乘客带来不同的乘车体验，增加进出站时间，同时也会降低乘客的满意度。在人员管理方面，对运维人员的素质要求也更高，需要掌握更多的操作和维修技能，致使培训难度增大，不便于跨线路人员调配并快速上岗，降低了各线路间的人员流动性，区域化、网络化运营管理及综合用工制改革存在阻力。

二、建设以及运营成本逐渐增加

由于 AFC 系统的非标准设计，在新线开通方面，新线要接入中央系统，既有线与新线要实现互联互通，没有统一的系统标准，实现票务管理线网化、运营管理标准化，中央系统需要对不同线路数据格式进行解析转换，增加额外的费用消耗，而既有线需要协调不同厂家进行相应的软件变更升级，同时也增加相应的软件变更以及测试费用，进而带来建设以及运营成本的增加。

新线对系统增加了新的需求，如新增票种、更换站名、新功能上线、新系统接入等。由于线网 AFC 系统设备种类多、接口不统一，带来升级、改造工作实施风险高、工作量大等问题。随着时间的推移，软件维护团队的变迁，维护周期过长，最终导致需求变化时改造难度大、成本高。

在运营管理方面，随着线网规模扩大，系统软硬件、业务未统一标准，线路系统多样化，工作人员很难实现区域化跨线路运作管理，人员编制无法精简，导致运维人力成本高。同时 AFC 系统设备模块多且形式不一，如接口、硬件未统一标准，同一类型的模块不具备互换性和通用性，导致备品备件成本居高不下。

三、新技术、新发展带来系统的变革

在智慧城市轨道交通发展的新形势下，自动售检票系统在系统架构、数据传输、支付方式、互联互通等方面的建设相比传统模式有着较大的差异。

目前，随着互联网技术的广泛应用，联程联运、四网融合、安检互认、新型支付这些需求纷至沓来，导致系统面临的运营环境发生了巨大变化，乘客对出行的需要变得多元化。由于国内城市轨道交通 AFC 系统的建设标准不一、所处阶段不同、信息化建设进程差异较大，尤其是对智慧城轨发展形势下的 AFC 系统认知程度深浅有别，导致出现了乘客使用不便、系统改造频繁、互联互通性差等问题，不利于轨道交通 AFC 系统的可持续发展。而 AFC 系统标准化的实施可快速响应乘客的需求，紧跟时代的发展，同时能够降低系统的改造以及运维成本，提升乘客出行体验。

知识单元二　自动售检票系统标准化发展趋势

一、传统业务标准化的实施范围

城市轨道交通自动售检票系统传统业务标准化的实施范围（图 2-5-1）主要包括车

站终端设备功能需求、系统清分清算、票价管理、运营模式、票卡管理、收益管理等内容。

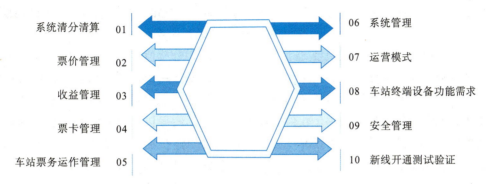

图2-5-1 传统业务标准化的实施范围

二、互联网融合模式下标准化的实施范围

互联网融合模式下标准化的实施范围主要包括互联网电子票务平台、手机客户端、车站终端设备等。

1. 互联网电子票务平台

包含电子票过闸业务、移动支付业务、电子发票业务。

2. 手机客户端

包括购票功能、二维码过闸功能、线网图查询、站点查询、延误公告信息、运行时间信息等功能。

3. 系统管理

包含参数管理、软件管理、权限管理等内容。

4. 运营管理

包含适用场景以及票务处理规则等内容。

5. 车站终端设备功能需求

包含车站BOM、TVM、AGM、STM、便携式检验票机（Portable Card Analyzer，PCA）等功能需求相关内容。

6. 安全管理

包含物理安全、网络安全、主机安全、数据安全、应用安全等内容。

三、自动售检票系统标准化发展趋势

目前，全国大多数城市地铁运营主体所部署的自动售检票系统从系统集成商到线

路集成商再到设备集成商都涵盖行业领域内的多家集成商,导致各系统层级之间接口较多,关系复杂。随着城市地铁线网规模的扩大,运营成本以及运营风险越来越大,新需求和新技术的实现和应用越来越困难,这些都给网络化运营管理带来极大的挑战。

  城市轨道交通自动售检票系统标准化技术路径,应综合考虑终端设备的使用率、运维生产和乘客出行的影响程度、运营管理的情况,分阶段进行开展和实施。根据郑州地铁自动售检票系统标准化工作的开展经验,计划分三个阶段实施自动售检票系统的标准化工作:第一个阶段实现车站计算机系统软件、读写器软硬件、终端设备自动检票机软件标准化,其中标准化软件除应用软件外,还需包含计算机系统数据库软件及读写器嵌入式操作系统。在标准化软件实施过程中同步完善修订业务,融入 ANCC 系统、互联网电子票务、清分清算、线网级的票务规则内容,为下一阶段标准化深化做支撑。第二个阶段,由于单程票使用率低以及后续线路 TVM 采用既有线路设备,而自助票务处理机(Self-service Ticketing Machine,STM)设备应用不是很成熟,智慧化的需求使 BOM 应用不稳定,建议 TVM、STM、BOM 软件在第二个阶段开展,同时持续优化、完善、沉淀第一阶段标准化的工作。第三个阶段,业务标准化、软件标准化都已相对完善,可以开展硬件标准化的建设工作,降低备品备件成本。

  同时在业务标准化方面,从各模块系统功能标准化、系统接口标准化开始,融合票务业务规则与既有标准规范配套使用,可以保证系统业务的统一和落地。在软件标准化方面,可以从统一各层级接口协议、统一数据格式、统一设计系统软件架构、统一设计操作流程和用户界面几个方面开展,方便维护管理。硬件标准化方面,建立 AFC 系统可靠性分析体系,统一硬件设备的外观、结构、使用材料、外形尺寸、接口、电源模块、主控单元等要求,增强线路间设备模块互通互换。在三个阶段实施结束后,AFC 系统能够达到业务、软件、硬件标准化的全面建设,人员综合素质大幅提升,各层级人才健全,运维结构体系完善,区域化运作管理落地开展,运维成本下降明显。

项目三
城市轨道交通票卡

项目概述

本项目分为 4 部分内容:城市轨道交通票卡发展历程、城市轨道交通票卡种类、城市轨道交通票卡的发行与使用,以及城市轨道交通票卡的管理。本项目分别介绍了我国城市轨道交通票卡的发展历程,AFC 系统中各类型票卡的定义及适用范围,票卡的发行步骤及使用流程,以及车票相关的使用管理方法。

学习目标

1. 知识目标
(1)了解车票发展历程。
(2)熟悉车票的分类,掌握纸票、磁卡、智能卡的构成、分类及特点。
(3)熟悉车票术语。
(4)掌握车票的发行与使用流程。
(5)掌握车票的使用管理。
2. 能力目标
(1)掌握 AFC 票卡的种类。
(2)具有票卡管理的能力。
3. 素质目标
(1)培养认真负责、刻苦钻研的精神。
(2)了解我国票卡的发展情况,增强事业心和责任感。

城市轨道交通自动售检票系统

 知识体系

城市轨道交通票卡 ─┬─ 城市轨道交通票卡发展历程
　　　　　　　　　├─ 城市轨道交通票卡种类
　　　　　　　　　├─ 城市轨道交通票卡的发行与使用
　　　　　　　　　└─ 城市轨道交通票卡的管理

 思政课堂

成都郑州轨道交通二维码实现互联互通

　　成都轨道集团联合郑州地铁集团，推出成郑城市轨道交通二维码过闸互通功能，进一步方便成都、郑州两地市民互访出行，打造舒适安全的出行环境。

　　成都轨道集团联合郑州地铁集团在"成都地铁"App 与"郑州地铁·商易行"App 正式上线轨道交通出行二维码跨区域互联互通。成郑两地的乘客可使用当地地铁 App 乘坐成都、郑州两座城市轨道交通，既可通过"成都地铁"App 乘坐郑州地铁，也可通过"郑州地铁·商易行"App 乘坐成都地铁、有轨电车。

　　成郑轨道交通互联互通助力实现了"一码在手、通行无忧"，提高了轨道交通服务供给韧性，推进了轨道交通高质量融合发展，这也是成都地铁与重庆、西安、南昌地铁实现互联互通后，与第四座城市轨道官方 App 打通"扫码"功能。

任务一　城市轨道交通票卡发展历程

不管是乘坐轨道交通还是其他公共交通，人们首先要做的就是购票。车票是直接面向乘客的，是乘客乘车的凭证。车票记载了乘客从购票开始，完成一次完整行程所需要和产生的费用、时间、乘车区间等信息。

为满足不同消费群体的需求，地铁运营方提供多种形式的车票供乘客自由选择。作为乘客和站务人员，都应熟悉各种类型车票的使用规定及购买方式。

乘坐任何公共交通工具（如飞机、火车、地铁、公交车等）都必须购买车票。车票直接面对乘客，是乘客乘车的合法性凭证。车票从购买开始，记载了一次完整行程所需要的费用、时间、乘车区间等信息。

票卡媒介属于轨道交通 AFC 系统架构的第五层，是所有信息的源头。

在轨道交通系统中，售检票方式取决于不同的票卡媒介和设备。常见的轨道交通售检票方式有印制纸票人工售检票系统、印制纸票半自动售检票系统、一次性磁票自动（半自动）售检票系统、重复使用磁票自动（半自动）售检票系统、接触式智能卡自动（半自动）售检票系统、非接触式智能卡自动（半自动）售检票系统。以上六种售检票方式中采用的票卡媒介有纸质车票、条形码车票、单程磁卡、储值磁卡、接触式集成电路（Integrated Circuit，IC）卡、非接触式 IC 卡。票卡不同，终端设备也不同，售检票模式也会变化。

根据售检票作业环境的不同，可以分为开放式售检票和封闭式售检票。

（1）开放式售检票。

开放式售检票是指在车站不设检票口，乘客上车前（指进入付费区）或在列车上检票并随机查票的作业方式。一般适用于客流量较小的系统且要求乘客有较高的素质。

（2）封闭式售检票。

封闭式售检票是指在乘客进出付费区前都要经过检票口检票的作业方式，一般分为人工售检票、半自动售检票和自动售检票三种。人工检票如图 3-1-1 所示。

图 3-1-1　人工检票

城市轨道交通**自动售检票系统**

车票是乘客乘车的重要凭证，形式也多种多样。伴随轨道交通的发展，城市轨道交通车票经历了不同的发展历程。总结起来大致可分为四个阶段。

（1）轨道交通运营初期阶段。

我国第一条地铁于1971年在北京建成通车，采用纸质车票。从1971年到2008年，纸票一直是最重要的票卡媒介。曾用的北京地铁乘车票如图3-1-2所示。

图3-1-2 北京地铁乘车票

（2）自动售检票系统的初始阶段。

1999年，内地第一套地铁磁卡制式AFC系统在上海地铁一号线开通使用，票卡媒介由纸票向磁卡车票过渡。

（3）现代化联网收费系统阶段。

2002年，内地第一个IC卡制式的地铁AFC系统在广州地铁二号线开通应用。票卡媒介从磁卡车票转变为智能卡车票。智能卡车票如图3-1-3所示。

图3-1-3 智能卡车票

（4）互联网＋阶段。

近年来随着智能手机的普及，手机已成为人们重要的通信工具，以手机作为支付媒介的手机支付（图3-1-4）成为发展的焦点，车票媒介进入新阶段。

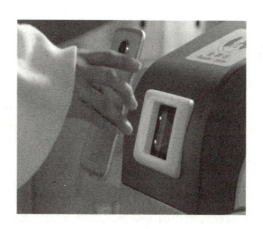

图 3-1-4 手机支付

城市轨道交通**自动售检票系统**

任务二 城市轨道交通票卡种类

随着互联网、移动支付、人工智能等先进技术在城市轨道交通系统中的大力推广应用,城市轨道交通票卡凭证的形式也越来越丰富。各种新的虚拟化、智能化的票卡凭证,如NFC、二维码、人脸凭证等应运而生,且还在不断丰富和发展中。

知识单元一 票卡媒介

不同车票媒介依托的技术不同,记载信息的方式和数量不尽相同,导致识别的方式不一样,识别的终端设备也各不相同。就城市轨道交通来说,这影响到AFC系统架构和车站终端设备的选择。常用的车票媒介识别方式有人工和自动识别两种。

目前,城市轨道交通售检票系统的票卡凭证种类繁多,不同的票卡凭证具有不同的特点、适用人群和适用情景。城市轨道交通票卡凭证分类如图3-2-1所示。

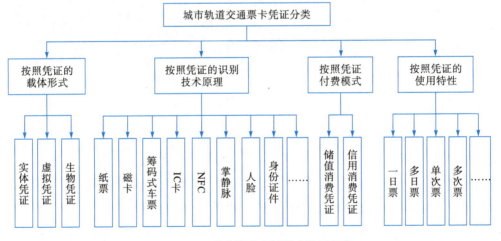

图3-2-1 城市轨道交通票卡凭证分类

一、纸质车票

纸票车票可分为普通车票和条形码(包括二维码)纸票,普通纸票是将车票的相关信息印制在票面(纸质)上,由票务人员视读确认。票面上的基本信息包括:车票编号、出票站点、乘车日期、乘车车次、乘车区间、票款金额、时间限制及换乘信息等。条形码纸质车票在使用时通过检票设备读取车票信息。

1. 普通车票

普通纸票的信息是只读信息,因此不能作为储值票,只能作为单程票或特殊用途的车票。普通纸票适用于人工售检票的票务运作模式,每张纸票相当于一张定额发票，只能提供给乘客乘坐一次地铁的服务。普通纸票一般由存根、主券、进站副券和出站副券四部分构成。乘客在购票过程中，票务人员将车票存根撕下后将其余部分交给乘客，存根是地铁车站内部进行收益稽核时使用的；进、出站副券分别是乘客在进、出站检票时，提供给检票人员检查的；主券是最后留给乘客，供乘客收藏或作为报销凭证使用的。纸票不能做储值票，只能做单程票或特殊用途的车票。

2. 条形码纸票

将车票的相关信息通过条形码编码储存，需要条形码扫描仪完成信息识别，编码的信息只供读取而不能改写。

条形码(Barcode)是将宽度不等的多个黑条和空白，按照一定的编码规则排列，用以表达一组信息的图形标识符。常见的条形码是由反射率相差很大的黑条(简称条)和白条(简称空)排成的平行线图案。这些黑条和空白可以有各种不同的组合方法，构成不同的图形符号，即各种符号体系，也称为码制，应用于不同的场合，它组成的数据编码可以供机器识读，而且很容易译成二进制数和十进制数。条形码系统是由条码符号设计、制作及扫描阅读组成的自动识别系统。在条形码车票中，车票的信息是通过条形码编码实现的。

条形码的扫描需要扫描器，扫描器利用自身光源照射条形码再利用光电转换器接受反射的光线，将反射光线的明暗转换成数字信号。

1) 条形码的优点

① 可靠性强：条形码的读取准确率远远超过人工记录，平均15000个字符才会出现一个错误。

② 效率高：条形码的读取速度很快，相当于40个字符/秒。

③ 成本低：与其他自动化识别技术相比较，条形码技术仅仅要一小张贴纸和构造相对简单的光学扫描仪，成本相当低廉。

④ 易于制作：条形码的编写很简单，制作也仅仅需要印刷，称为"可印刷的计算机语言"。

⑤ 构造简单：条形码识别设备的构造简单，使用方便。

2) 条形码纸票的特点

条形码纸票具有信息存储量较大、自识别速度较快、读码效率较高、纠错能力较强的特点，可提高检票系统的处理速度，有利于车票的自动化检测。但条形码车票只能在购票时记录站名和发售时间，无法记录进站时间和闸机编号等及时统计信息，对计时制管理的票务系统有一定的影响。

条形码的大小、长短可以任意调节，能够打印在狭小的空白处。在纸票上增加条形码虽然会增加车票的成本，但同时能提高防伪能力和检票效率。由于条形码的信息量有限，可以复制，在一些安全性要求不高的场所可适当使用。读写过程中在某些客流量不大的场合，可不采用吞吐卡设备，直接在激光扫描平台上扫描条形码，操作成本较低，维护和使用也比较方便。对于出票系统的打印机而言，其技术要求就是出票速度快。因此，一般将票面的一些固定信息预先印刷在票面上，在出票时仅打印当时的必要信息，以减少打印量，提高打印速度。

普通纸票由于所有信息印制在票面上，故其保密性不好，容易伪造，需要增加一些防伪措施，可在票面上印刷加密图形等安全信息，但同时也会给识票带来较大的困难。车票的有效性只能靠票面上的加密图案来保证。设计纸票时，可根据使用环境来确定票面的相关信息，加密图形可以以节日、大型活动或者商业广告为题材。

二、磁卡车票

1. 磁卡

磁卡是一种磁记录介质卡片。它由高强度、耐高温的塑料或纸质涂覆塑料制成，能防潮、耐磨且有一定的柔韧性，携带方便、使用较稳定可靠。通常，磁卡的一面印刷说明提示性信息，如插卡方向；另一面则含有磁层或磁条，用来记录有关信息数据。磁卡构成如图3-2-2所示。

磁卡成本低廉，易于使用，便于管理，且具有一定的安全性，因此磁卡的应用非常广泛。

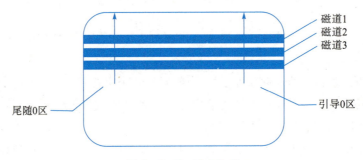

图3-2-2 磁卡构成

2. 磁条与磁道

磁条是一种磁性载体，可以记载字母、字符及数字信息。磁条中所包含的信息一般比长条码大。

通常磁条上有3个磁道，分别是磁道1(TK1)、磁道2(TK2)、磁3(TK3)，这些磁道为读写磁道，在使用时可以读出，也可以写入。磁道1可记录数字(0~9)、字母(A~Z)和一些其他符号(如号、分隔符等)，最大可记录79个数字或字母。磁道2和磁道3所记录的字符只能是数字(0~9)。磁道2最大可记录40个字符，磁道3最大可记录107个字符。

3. 磁卡车票

磁卡车票包括纸质磁卡车票和塑质磁卡车票，两者都是在基片上设置磁记录区域，可以通过磁条上的磁道记录有关的信息，并可以通过读写设备获取、修改相关信息。

4. 磁卡标准

磁卡制作需遵守一定的标准，如 GB/T 14916—2006 等。这些标准对卡的尺寸、卡的构造、卡的材料、卡的特性做了相关规定。

三、智能卡车票

1. 根据镶嵌芯片的不同划分

智能卡车票根据镶嵌芯片的不同可分为存储器卡、逻辑加密卡、CPU 卡和超级智能卡。

1）存储器卡

存储器卡的卡内芯片为电擦除式可编程只读存储器（Electrically Erasable Programmable Read-Only Memory，EEPROM）。它仅具有数据存储功能，没有数据处理能力。存储卡本身无硬件加密功能，只在文件上加密，很容易被破解。这种卡片存储方便、使用简单、价格便宜，在很多场合可以替代磁卡。由于该类 IC 卡不具备保密功能，因而一般用于存放不需要保密的信息。

2）逻辑加密卡

逻辑加密卡片除了具有存储卡的 EEPROM 外，带有加密逻辑，每次读写卡之前要先进行密码验证，如果连续几次密码验证错误，卡片将会自锁，成为死卡。加密逻辑电路可在一定程度上保护卡和卡中数据的安全，但是属于低层次防护，无法防止恶意攻击。该类卡片存储量相对较小，价格相对便宜，适用于有一定保密要求的场合。

3）CPU 卡

CPU 卡的芯片内部包含微处理器单元 CPU、存储单元、输入/输出接口单元。CPU 管理信息的加/解密和传输过程，严格防范非法访问卡内信息，一旦发现数次非法访问，就会锁死相应的信息区。CPU 的容量有大有小，价格比逻辑加密卡高。但 CPU 卡良好的处理能力和保密性能，使其成为 IC 卡发展的主要方向。CPU 卡适用保密性要求特别高的场合。

2. 根据卡与外界数据交换的界面划分

智能卡车票根据卡与外界数据交换的界面不同可划分为非接触式 IC 卡、接触式 IC 卡、双界面卡和异形 IC 卡四种。

在 CPU 卡的基础上增加键盘、液晶显示器、电源，即成为超级智能卡，有的卡上还具有指纹识别装置。

1) 非接触式 IC 卡车票

①非接触式 IC 卡车票结构。

非接触式 IC 卡又称射频卡，由 IC 芯片、感应天线组成，并完全密封在一个标准塑制卡片中，无外露部分（图 3-2-3）。射频卡成功地将射频识别技术和 IC 卡技术结合起来，解决了无源（卡中无电源）和免接触这一难题，是电器件领域的一大突破。卡片在一定距离范围（通常为 5~10 cm）靠近读写器表面，通过无线波的传递来完成数据的读写操作。非接触式 IC 卡车票是将车票的所有信息储存在车票集成电路中，用非接触式 IC 卡读写设备获取相关信息。

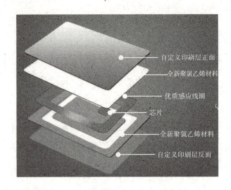

图 3-2-3　非接触式 IC 卡结构图

非接触式 IC 卡继承了接触式 IC 卡大容量、高安全性等优点的同时，又克服了接触式 IC 卡所无法避免的缺点，如读写故障率高，由于触点外露导致的污染、损伤以及插卡这种不便的读写过程。制造非接触式 IC 卡所需的技术主要包括：射频技术、封装技术、低功耗技术、安全技术。

a. 射频技术。由于 IC 卡的尺寸限制以及卡上的应答器不能有电源系统，需要由寻呼器（读写设备）通过无线电波方式供电，卡内须埋装特殊设计的天线，须保证有良好的抗干扰能力，而且还要有"防冲突"电路。

b. 封装技术。为确保卡片的大小、厚度、柔韧性和高温高压工艺中芯片电路的安全性，需要特殊的封装技术和制造设备。

c. 低功耗技术。无论是有源方式还是无源方式设计的非接触式 IC 卡，最基本的要求是功耗低。低功耗技术可以提高卡片寿命和扩大应用场合，因此卡内一般都使用非常苛刻的低功耗工艺和技术，如电路设计中采用"休眠模式"等。

d. 安全技术。卡用芯片的物理安全技术和卡片制造的安全技术相结合，构成强大的安全体系。

②非接触式 IC 卡的类型。

非接触式 IC 卡车票有卡型 IC 车票、筹码型 IC 卡、CPU 卡三种类型。

a. 卡型 IC 车票。某些城市轨道交通使用的单程车票是卡型塑质非接触式集成电路

(IC)卡,即卡型 IC 车票,如北京、上海等,其尺寸通常为 85.9 mm×54 mm× 0.5 mm。

b. 筹码型 IC 卡。部分城市轨道交通使用的单程票是筹码型非接触式集成电路(IC) 卡,简称筹码型 IC 卡,如广州等。筹码型 IC 卡(图 3-2-4)是在直径 30 mm、厚度为 2 mm 的非金属材料圆盘内,嵌装集成电路及天线的非接触式 IC 卡。

图 3-2-4　筹码型 IC 卡

c. CPU 卡。CPU 卡又称微处理器卡,由一个或多个集成电路芯片组成,封装在便于携带的卡片内。在集成电路中有中央处理器(CPU)、随机存储器、程序存储器、数据存储器,以及片内操作系统。CPU 卡具有暂时或永久存储数据的能力,其内容可供外部读取或供内部处理和判断使用,同时还具有逻辑处理、命令处理和数据安全保护等功能,可以识别和响应外部提供的信息。CPU 卡安全性高、功能完善,将是技术和市场发展的趋势。

③非接触式 IC 卡的工作原理。

非接触式 IC 卡本身是无源体,与读卡器之间通过无线电波来完成读写操作。

当读写器对 IC 卡进行读写操作时,读写器发出的信号由两部分组成:一部分是电源信号,该信号由卡接收后,与其本身的振荡电路产生谐振,产生一个瞬间能量来供给芯片工作。另一部分则是指令和数据信号,指挥芯片完成数据修改、存储等并返回给读写器。

④非接触式 IC 卡的技术特点。

非接触式 IC 卡完全密封的形式,以及无接触的工作方式使其不受外界不良因素的影响,从而使用寿命完全接近 IC 卡片的自然寿命。因而非接触式 IC 卡本身的使用频率和期限以及操作的便利性都优于接触式 IC 卡。

2)接触式 IC 卡车票

接触式 IC 卡是指将智能卡的绝大部分电气部件进行封装,并将与外部连接的线路做成触点外露,按一定的规则排列接触点极。在进行读写操作时,卡片必须插入读卡器的卡座中,通过触点与读卡设备交换信息。接触式 IC 卡一般由基片、接触面及集成电路芯片构成,其外观结构如图 3-2-5 所示。

图 3-2-5 接触式 IC 卡外观结构

接触式 IC 卡外形与磁卡相似，它与磁卡的区别在于数据存储的媒体不同。磁卡是通过卡上磁条的磁场变化来存储信息的，而接触式 IC 卡是通过嵌入卡中的电擦除式可编程只读存储器集成电路芯片来存储数据信息的。因此，与磁卡相比，接触式 IC 卡具有以下优点：存储容量大，安全保密性好，卡的抗磁性、抗静电及抗各种射线的能力强，抗机械、抗化学破坏的能力也强。另外，接触式 IC 卡的寿命长，其相关设备的成本也较非接触式 IC 卡低。

但是，在接触式 IC 卡的普及过程中，逐渐暴露下列弊端：

① 卡在读写器上经常插拔造成磨损，从而导致接触不良，容易出现数据传输错误，并且卡与读写器之间的磨损也大大缩短了卡和读写器的使用寿命。常见的包括由粗暴、倾斜或不到位插卡，非卡外物插入，以及灰尘、氧化、脱落物或油污导致的接触不良等原因造成的故障。

② 由于集成电路芯片有一面在卡片表面裸露，容易造成芯片脱落、弯曲、扭曲损坏等问题。

③ 卡片触点上产生的静电可能会破坏卡中的数据，如因环境腐蚀及保管不当，可能会造成卡触点损坏，使 IC 卡失效。

④ 接触卡的通信速率较低，再加上插拔卡的动作延误，会使一笔交易需要较长时间的等待，严重影响其在需要快速响应场合的应用。

3) 双界面卡

双界面卡是基于单芯片的，集接触式与非接触接口为一体的智能卡，这两种接口共享同一个微处理器、操作系统和电擦式可编程只读存储器。卡片包括一个微处理器芯片和一个与微处理器相连的天线线圈，由读写器产生的电磁提供能量，通过射频方式实现能量供应和数据传输。

4) 异形 IC 卡

标准卡指国际统一尺寸的卡，它的尺寸为 85.5 mm×54 mm×0.76 mm。如今由于个性需求,印制不受尺寸的限制,在世界各国出现了不少形形色色的卡,此类卡称之为异型卡。其中如长方形、正方形、三角形、椭圆形等几何形卡,称为"非标准卡";动物形状、娃娃形状等一些特别形状的称为"准异形卡"。相对而言,"准异形卡"的制作工艺要比几何形卡难度大一些。

异形卡并不是指某种类型的卡。通俗地说,形状上非规则的卡都可以称为异形卡。异形卡内可以封装各种各样的芯片,也就是说可以具有多种不同功能。异形卡如图3-2-6所示。

图 3-2-6　异形卡

异形卡常用于制作胸卡和门禁卡。根据客户的不同要求,胸卡的大小差异很大,最小的为 20 mm×40 mm,最大的为 90 mm×130 mm。胸卡具备不同尺寸、不同形状,可适应不同客户的要求。门禁卡包括匙扣卡、钱币卡等,既现代又美观。

四、手机支付

随着高新技术的发展和应用,以及人们对支付便利性、安全性需求的提升,各类新型支付方式层出不穷。接下来主要介绍以手机支付为代表的移动支付,以及基于生物特征识别技术的人脸识别支付两类新型支付方式。

1. 移动支付

移动支付也称手机支付,即允许移动用户使用其移动终端(通常是手机),对所消费的商品或服务进行账务支付的一种服务方式。

移动支付主要分为近场支付和远程支付两种。所谓近场支付是指通过具有近距离无线通信技术的移动终端实现本地化通信,以完成货币资金转移的支付方式,例如使用手机刷卡的方式乘车、购物等。近场支付操作方便快捷，也称为线下支付。远程支付，是指利用移动终端通过移动通信网络接入移动支付后台系统，实现各种转账、消费等支付功能，因此，远程支付也称线上支付。

NFC 技术是当前近场支付领域最具代表性的技术。

1）近距离无线通信技术

近距离无线通信技术（Near Field Communication，NFC）是一种非接触式识别和互联技术。用户可以在移动设备、消费类电子产品、个人计算机和智能控件工具间进行近距离无线通信。NFC 提供了一种简单、接触式的解决方案，可以让消费者简单直观地交换信息、访问内容与服务。NFC 技术将非接触卡、非接触读卡器和点对点（Peer-to-Peer）通信功能整合进一块单芯片，分别支持这三种模式，开创了全新的消费方式。

（1）非接触卡模式：可以模拟成现有的各类卡片，包括身份识别卡（如门禁卡）、预付费卡（如公交卡、饭堂卡等）、银行卡（如储蓄卡、信用卡）等，如图 3-2-7 所示。

图 3-2-7 非接触卡模式

（2）非接触读卡器模式：即作为非接触读卡器使用，如在读卡器模式下，可以实现对公交卡的读写，如图 3-2-8 所示。

图 3-2-8 非接触读卡器模式

(3)点对点通信模式：即实现无线数据交换，将两个具备 NFC 功能的设备连接，能实现数据点对点传输，如下载音乐，交换图片或者同步设备文件。因此通过 NFC，多个设备如数字相机、计算机、手机之间，可以进行无线通信，交换资料或者服务。

NFC 手机支付在地铁自动售检票系统的应用需同时满足：①自动检票机具备 NFC 支付功能的读写器模块；②具备 NFC 支付功能的手机；③支持 NFC 数据的传输；④NFC 支付数据和银行及运营商之间正常对账。

2)二维码支付

目前，二维码支付作为移动支付的主力军，凭借便捷的用户体验，在支付领域得到了广泛推广。

二维码支付是一种基于账户体系搭建起来的无线支付方案。二维码支付原理结合了二维码技术和移动支付技术，用户使用手机客户端扫描商品二维码，通过银行或第三方支付平台提供的手机端通道完成支付（图 3-2-9）。二维码支付具有技术成熟、使用简单、成本较低的特点。

图 3-2-9 二维码支付

二维码支付在轨道交通的应用方案，主要是在自助票务终端中安装嵌入式二维码扫描模块，融合二维码自动识别技术与移动互联网信息技术，集自助购票、自助充值、扫码支付等功能于一体。

2. 人脸识别支付

人脸识别是一种基于人的相貌特征信息进行身份认证的生物特征识别技术，它使用摄像机或摄像头采集含有人脸的图像或视频流，并自动在图像中监测和跟踪人脸，进行脸部特征识别。该技术的最大特征是能避免个人信息泄露，并采用接触的方式进行识别，具有不可复制性。人脸识别技术广泛应用于公共安全、金融等重要领域，以及智能门禁、考勤、手机解锁等民用市场。

人脸识别支付系统是一款基于脸部识别系统的支付平台，是建立在人脸识别技术上的最新应用。人脸识别支付系统也是一种基于账户体系搭建出来的支付方案，不需要钱包、信用卡或手机，支付时只需要面对 POS 机屏幕上的摄像头，系统会自动将消

费者面部信息与个人账户相关联，整个交易过程十分便捷、安全。

目前全国已有哈尔滨、成都、西安、昆明、郑州等多个城市支持戴口罩刷脸乘车。乘客在"乘车"界面录入面部信息并开启口罩识别功能，即可刷脸进出地铁站无须摘口罩，直接过闸乘车(图3-2-10)。

图3-2-10　刷脸支付

五、移动支付在城市轨道交通中的应用范例

近年来，不少城市的轨道交通运营商通过对移动支付的研究，在二维码支付和NFC支付方面都取得了阶段性成果。云购票机、云闸机和手机电子票等研究成果已经应用于AFC系统中，同时轨道交通AFC系统由原来封闭的网络架构，过渡到互联网连接的开放的网络架构，给广大乘客带来了全新的应用体验。

1. 手机二维码购票

乘客通过第三方支付平台的手机应用，可以在云购票机上用手机二维码扫码的方式，现场支付购买车票。也可以提前在网上支付后获得取票二维码，再前往指定地铁站，将取票二维码放置在云购票机扫码口上扫描，就能领取到在线购买的车票。

2. 手机二维码检票过闸

通过手机购票的乘客，无须取票，可直接将手机购票二维码置于"云闸机"扫描窗口进行扫描，验证成功即可过闸通行。

3. 手机二维码充值

乘客使用手机客户端完成充值付款，获得付款二维码，在具有二维码自助充值功能的设备前，将城市通卡放在设备指定位置，再将手机上的付款二维码放在设备扫码支付窗口进行扫描，即可完成对城市通卡的充值。

4. NFC 手机对城市通卡充值

乘客将城市通卡贴在支持 NFC 功能的手机背后,进入手机客户端,查询城市通卡的余额并支付待充值的金额;支付成功后,把城市通卡再次贴在手机背面,卡片读取充值金额即完成充值。

5. NFC 手机购票

乘客可以使用具有 NFC 功能的手机,通过手机应用端,购买下载手机电子票,将 NFC 手机模拟成一张非接触式 IC 卡,直接刷手机进出地铁站,从而可实现地铁从传统实体票向电子票、虚拟票的转化。

六、城市轨道交通推广移动支付的益处

移动支付在城市轨道交通自动售检票系统中的推广,可以带来一系列的经济效益和社会效益。使用移动支付替代现金支付,可省掉纸币、硬币识别流程以及找零过程,改善乘客的支付体验,提高支付效率;降低自动售票机的研制和采购费用,从而节约新线的建设成本;降低设备维保人员的工作量,减少车站运营维护成本,减少实体单程票的使用量,降低车票采购、制作、流通的管理成本;减少车站现金的管理工作;虚拟化车票可以促进乘车凭证的实名制登记,提高城市轨道交通安全性。纸票、磁卡、IC 卡、手机支付优缺点比较如表 3-2-1 所示。

表 3-2-1 票种比较表

票种	检票方式	优点	缺点
纸票	人工售票、检票	构造简单,识别设备简单,使用方便;成本低,与其他自动化识别技术比较,光学扫描仪相对简单,成本相对低廉;易于制作,制作条形码纸票仅需印刷,被称作"可印刷的计算机语音"	需要大量工作人员,效率低
磁卡	自动售检票	可进行机读,提高自动化程度;磁卡生产方便;可循环使用,能源消耗低	磁卡成本相对较高,使用成本增加;磁卡的设备结构复杂,精度要求高,维护成本高;受外界磁场干扰;密钥随票携带,易复制伪造,安全性低
IC 卡	自动售检票	存储容量大,信息记录可靠性高,安全性高,保密性好,可重复使用	设备初投资高,维护成本高
手机支付	自动售检票	方便,快捷	对年龄偏大的乘客不友好

城市轨道交通**自动售检票系统**

知识单元二 车票术语

轨道交通路网内使用的车票分为轨道交通专用车票和一卡通车票。轨道交通专用车票由轨道交通公司授权票务管理部门统一发行，一卡通车票采用城市一卡通，由该城市一卡通公司发行。

轨道交通专用车票包括单程票、出站票、储值票、纪念票、计次票、员工票、测试票、备用车票等票种。

根据回收与否，可分为回收类车票与非回收类车票。回收类车票可在站内或系统内循环使用。除回收类车票外，其他车票均为非回收类车票。单程票、出站票为回收类车票，出付费区时由检票设备回收。储值票、计次票、纪念票、员工票为非回收类车票，出付费区时不回收。

轨道交通专用车票只能在轨道交通 AFC 系统中使用，并由清分中心系统的编码分拣设备统一进行初始化。可以通过清分中心系统，统一设置车票在轨道交通 AFC 系统的使用及运行参数，通过通信网络下传至车站计算机中心（SC），并由 SC 下达到相关设备。下面分别对几种常用票种进行简单的说明。

一、单程票

单程票只限于在轨道交通系统内使用，且只能在车票发售的当天有效，而且只能一次使用（图 3-2-11）。可设置本站出售的车票是否只在本站进闸和在本站出站的时间限制。在乘客完成车程出闸时，单程票被出站检票机回收，并被写上回收信息。单程票可以在轨道交通系统中循环使用。当实际使用金额小于购票金额时，不返还车票余额；当实际使用金额大于购票金额时，乘客应补足票款，方可出站。

单程车票在乘客出站时被系统回收，然后被再次出售。被回收的票卡基本上用于下次循环使用而继续在系统内流通。

（1）乘客可使用由自动售票机或半自动售票机发售的车票，通过自动检票机入站。

（2）乘客在通过自动检票机出站时，车票被回收到自动检票机内的车票箱。

（3）当自动检票机的车票箱装满时，工作人员会将车票箱取出。车票箱将被放到票务室。

（4）当自动售票机或半自动售票机内的车票箱售空时，工作人员会从票务室将装满车票的车票箱重新安装在自动售票机或半自动售票机上。

（5）往返车票在前往的途中不会被回收，只有在返回的途中被回收。出站乘车票在发售后不能用于入站。

图 3-2-11 地铁单程票

二、出站票

出站票仅用于出站时使用。当乘客在乘车过程中发生车票丢失、车票损坏等异常情况而未能出站，须在客服中心办理出站票，出站票被回收后能与其他被回收的单程票一起在车站内循环使用。

三、储值票

储值票分为普通储值票和优惠储值票。乘客在使用储值票时，每车程的车费在通过出站检票机时从车票的余值中扣除。储值票在进出站检票机使用时，自动检票机的乘客显示器上将显示车票的余值和有效期。

当储值票的余值低于最低票价时，根据不同票种，通过参数设置能否进闸。当储值票的余值低于当次车程的车费时，可以在清分中心系统通过参数进行设置：允许或者不允许乘客通过出站检票机。如果允许乘客通过，乘客在下一次乘车前必须进行充值。充值时，车票的余值将扣除上次车程所欠车费。如果不允许乘客通过，出站检票机能显示引导乘客到客服中心补票的信息。

储值票可以通过自动售票机以及半自动售票机进行充值，也可以在半自动售票机上办理退票。

优惠票是根据主管部门对特殊群体优惠政策而制定的特殊票种，是相关乘客乘车优惠的凭证。

优惠储值票在通过自动检票机时，有特殊的声响和灯光显示。优惠储值票的优惠额度、有效期均可设定。储值票过期后，乘客可在车站的客服中心办理延期手续。

四、纪念票

纪念票（图 3-2-12）的面值、有效期均可设定。轨道交通专用的纪念票只能在有效期内在轨道交通系统内使用，车票过期后不能延期和充值。当乘客在使用纪念票时，如果车票余值低于最后一次车程的车费，可通过设置系统参数给予尾程优惠。若无尾程优惠则出站检票机将不允许乘客通过，乘客到客服中心进行补款后出闸。

图 3-2-12　纪念票

五、计次票

计次票是指一些被赋予固定票值，可以一次或者多次使用的车票，在使用时不考虑乘距。计次票主要有以下几种类型：

在规定时间段内，计次票可多次使用。当乘客使用计次票完成最后一次旅程后，不可再次使用，允许乘客退回计次票。乘客可通过半自动售票机给车票充值。

在规定时间段和每天规定的使用次数范围内，计次票可多次使用，但当天未使用的剩余次数不能累加到下一天继续使用。车票超过规定限制时，不可再次使用，允许乘客退回计次票，也可通过半自动售票机给车票充值。

计次票在通过自动检票机时，自动检票机将显示车票的有效时间和剩余使用次数或者当天剩余使用次数。

六、员工票

员工票可设置不同的类型。员工票的有效期、乘坐次数、进出站次序检查、进出站的地点限制以及乘车时间检查等参数都可以灵活地进行设置，以便满足运营的需求。员工票在通过自动检票机时，有特殊的声响和灯光显示。员工票可兼做门禁卡使用。

七、测试票

测试票是用于对 AFC 系统车站终端设备进行维修诊断的特殊车票，这种车票只能在设备处于维修模式时使用，同样也只能在轨道交通 AFC 系统中使用。在设计联络、调试阶段的线路中使用测试票，便于设备功能测试，但不计入收益统计。

八、备用车票

为了方便运营的扩展，系统预留最少 60 种的备用票种，具体数量在设计联络时确定，比如周票、月票、次票等。运营人员可以通过参数设置，灵活地对车票的种类进行扩展，设置车票的类型、运用方式、功能等。

车票的配置参数至少包括：车票的种类、乘次或票值、押金、车票余额的上限、有效期，由何设备写入有效期编码、由何设备出售车票、有效使用区域、有效使用时间段、乘次旅行时间、票价表、充值设备，是否回收、是否允许充值及充值上限、是否允许自动充值及充值金额、是否允许透支、是否允许更新及更新次数限制、是否允许退款、是否允许延期、是否允许积分、行政收费、闪灯报警及闪灯种类、声音报警及声音种类等，以及个人储值票需记录的其他信息。

九、二维码车票

由于移动网络的飞速发展和智能手机的普及，互联网技术日益成熟，中国网民数量呈上升趋势，以手机为载体，二维码为支付凭证的支付方式也走进日常生活中。例如使用二维码进出站，无需使用单程票，可有效减少票卡发售和票卡回收的相关物资采购，同时也节省人力运维成本。

在城市早高峰乘坐地铁时，客流大、人员构成复杂，乘客进出地铁站需排队购票、排队进站。使用二维码进站的乘客可以快速进站，无须购买实体票，缩短了排队时间，提高了进出站效率。

2017 年 1 月郑州地铁开通了扫码过闸服务，目前这已经成为郑州地铁主流支付方式。以 2020 年 12 月至 2021 年 6 月郑州地铁进出站支付方式为例，使用二维码进出的乘客约占总乘客的 64.47%（图 3-2-13）。

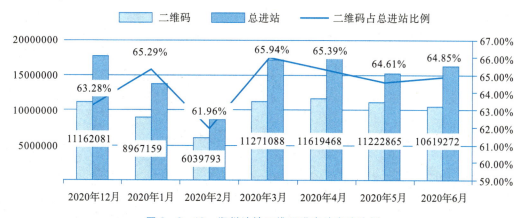

图 3-2-13 郑州地铁二维码进出站客流比例

城市轨道交通自动售检票系统

　　随着二维码进出站技术的日益成熟，乘客出行更加便捷。未来，二维码车票在地铁车站取代实体票也成为行业内的共识。为提升二维码乘车效率、降低单程票使用率，地铁公司应持续加大技术创新，提升交通行业互联网关键技术的研发和产业化能力，加强科技地铁宣传力度，构建良好的乘车环境，深化与同行业融合应用，打破地域技术壁垒。这样，在为乘客提供便利的出行的同时，也可以有效节约地铁公司的设备投资和管理成本。

任务三　城市轨道交通票卡的发行与使用

票卡是自动售检票系统的第五层，是信息的源头，票卡信息准确有效是系统正常运转的基础。而且票卡是有价凭证，有效的票卡的流通实际上是资金的流动，管理不善会带来经济损失。

通常有专门的机构（如运营单位的专门部门）负责票卡的发行、发售、使用、票务处理、回收等全过程的管理。

票卡的发行主要包括车票的编码定义、初始化、赋值发售、使用管理、更新、加值、退换、回收等。

一、车票票制

采用什么样的票务政策，对于自动售检票系统的设计具有很大的影响。常见的票务政策（简称票制）有单一票制、分区票制、计程计时票制等。

采用单一票制的城市有芝加哥、纽约等。北京地铁早期也采用单一票制，后随着路网的扩大，变更为计程计时票制。采用分区票制的城市有伦敦、巴黎、哥本哈根等。计程计时票制在国际上被广泛使用，主要应用在亚洲各国地铁上，国内如广州、深圳、成都、西安、宁波等均采用计程计时票制。

二、车票编码定义

车票编码包含车票类别、车票编号、车票票值、车票时效、使用范围等信息。

1）车票类别

车票的类别实际上基于车票的分类管理，不同类别的车票对应不同的使用方式和处理规则。车票的类别在编码的时候确定。乘客可根据自己的需要购买规定范围内不同类别的车票。

2）车票编号

车票编号可分为卡面编号、物理卡号和逻辑卡号。

（1）卡面编号是票卡生产厂商在制作车票媒介时印刷在车表面上的系列编号，可标明生产者代码、批次等信息。

（2）物理卡号就是非印刷票卡媒介产品的序列号，由车票媒介生产厂商在出厂时直接写在车票芯片内。物理卡号可以跟卡面编号一致，也可以不同。

（3）逻辑卡号是为了确保自动售检票系统能够跟踪流通中的车的使用情况和针对某张或者某些车票进行功能设置而赋予的系列编号。在制作车票时由编码机对票卡进行逻辑卡号的写入。

AFC系统中心数据库可通过车票的票面编码、物理卡号和逻辑号之间的关联关系，对车票的使用过程进行追溯，达到有效防伪和防止造假。

3）车票票值

车票票值也就是车票所含可乘车的资金，它是记录在车票上的，是可以用于乘坐轨道交通工具的金额。

4）车票时效

车票只能在系统设定的有效期内使用。如果车票即将过期或已经过期，须进行延期等更新处理后才能使用。

5）使用范围

非网络化运营的地铁线路使用各种类别的车票，都有特定的使用范围（如线路、车站等），从而可以规范使用秩序。

三、车票流程

票卡采购回来后，首先在制票中心进行编码、赋值等初始化处理，然后配送给各个车站，通过半自动售票机和自动售票机发售给乘客。乘客持票进出收费区时，检票机对有效票给予放行，进站时写入进站有关信息、出站时扣除乘车费用（储票）或回收车票（单程票、应急票）。如遇到出站检票机拒收车票、禁止通行的情形，通常是因为单程票超程、超时使用或票卡读写错误等原因，此时乘客需到补票亭进行车票分析。出站检票机回收的单程票可在车站重新发售、循环使用，而储值票则应送交制票中心再编码后才能配送给车站发售。车票流程如图3-3-1所示。

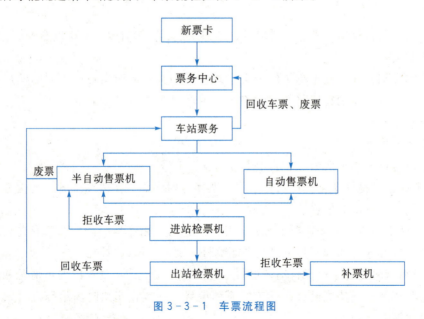

图3-3-1 车票流程图

1）车票初始化

所有车票投入使用前，必须由专门的机构进行初始化，分配车票在系统内的唯一编号，同时生成车票相关的安全数据。车票初始化工作是通过编码/分拣机进行的。只有经过初始化的车票才可以分发至各车站进行发售。车票初始化时，由操作员针对不同类型的车票设置系统参数，并对系统应用数据进行初始化编码。

（1）车票初始化时的编码内容包括安全密钥及防伪数据、车票号数据、车票状态数据。

（2）车票初始化完成的工作：①设备读取车票上唯一的物理卡号，验证初始密钥。②初始密钥验证成功后，将逻辑卡号、安全数据、编号数据、系统应用数据写入车票。

（3）车票数据初始化后，车票信息将上传记录到 AFC 系统的数据库。

2）车票的赋值发售

初始化的车票还必须经过赋值处理后才能正常使用。对车的赋值可由编码/分拣机执行或由车站内的自动售票机、半自动售票机在车票出售时执行。

（1）部分需要提前赋值的车票（如应急车票），可以在专门的编码分拣机进行赋值。

（2）对车票进行赋值时，必须对车票进行有效性检查，再将赋值信息写入车票，但不能修改票卡发行时的初始化数据。

（3）不同类型车票的赋值数据由系统参数确定。

车票通过赋值、发售后就可以投入使用了。

3）乘客使用车票过程

乘客使用车票过程如图 3-3-2 所示。

（1）车票在自动售票机或半自动售票机上出售，并写入"出售记录"（如出售时间，线路车站号，售票设备编号，车票赋值、余额，进站等）信息。

（2）车票经进站检票，进站检票机处写入"进站记录"（如进站时间、线路车站号、进站检票机编号、出站等）信息。

（3）车票经出站检票机检票，依不同类型车票进行不同的处理如对乘次票（或储值票）将在出站检票机处写入"出站记录"，并扣除一个乘次（或行程）费用，回收票卡由检票机的回收装置完成，并清除票卡上一次的发售、进站和出站等运营信息。对单程车票恢复初始化数据。

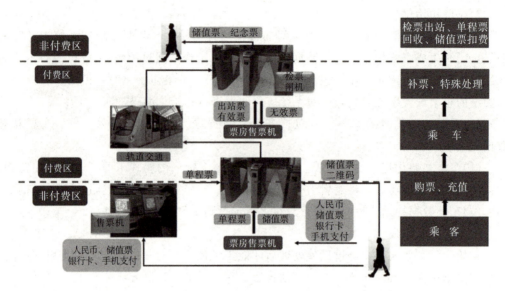

图 3-3-2 乘客使用车票过程图

四、车票状态

车票在整个流动过程中状态会发生变化，按照车票出入站状态可分为"已入站""未入站"。从发售到回收可分为"已售""未售""回收"等状态。

1)"已入站"和"未入站"状态

(1)"已入站"状态：指乘客入站时车票经进站闸机刷卡后的状态。

(2)"未入站"状态：指车票初始化后，经过自动售票机或半自售票机售出，但未进站刷卡使用所处的状态。

2)"已售""未售"和"回收"状态

(1)"已售"状态：指车票经由售检票设备售出时所处的状态。预制单程票经过初始化赋值后也处于已售状态。

(2)"未售"状态：指车票经过初始化后配发至车站且未经车站发售期间所处的状态。

(3)"回收"状态：指单程票由出站闸机回收后所处的状态。储值票经过半自动售票机进行退卡操作后也处于回收状态。回收状态的单程票可供车站循环发售。

五、车票的加封

为避免车票零散存放而导致遗失、混淆和重复劳动等问题，车票在经相关工作人员清点并确认数量后，可按一定数量进行加封保管，以保证车票保管的安全、准确。

用扎把带直接加封的车票主要是一些票面面积较大、便于扎把带缠绕的车票，如纸票等。加封时将扎把带十字形缠绕过车票，将车票固定在十字形带内，用胶水将扎把带末端粘贴住，并在粘贴封口骑缝处加盖加封人员私章，以达到扎把一经破封无法复原的目的。加封时，需在扎把带空白处注明加封内容（如车票类型、数量、金额等，预制票需注明售出期限）、加封车站和加封日期。

用信封加封时，采用工字加封法，把车票放入信封后，将信口封住，再用扎把带将信封背面的接缝处封住，在信封的正面注明加封内容、加封站、加封人员和加封日期，并在信封背面扎把带骑缝处加盖加封人员私章。

城市轨道交通**自动售检票系统**

任务四　城市轨道交通票卡的管理

车票的使用管理包含车票配发、调拨、进出管理、更新、充值、退换、回收、注销等环节。

在轨道交通售检票系统中，车票是乘客的乘车凭证。车票记录了乘客从购票开始，完成一次完整出行所需要和产生的费用、时间和乘车区间等信息。因此，车票属于有价凭证，车票的管理实质上是资金管理。在车票使用过程中曾经出现过票卡造假、串换资金等违法行为。因此对车票的管理必须严肃、规范。

一、车票配发

车票配发指由票卡发行单位根据客流情况将初始化后的车票发配到各车站。

二、车票调拨

经过一段时间的持续运营，由于各线路客流的不均匀性，会造成车票在各线路、各站上的分布不均。有些线路、站点会滞留大量的车票，而有些线路、站点则车票短缺。为了提高车票的使用效率，可以采用调拨的方式来平衡。

三、车票的进出站处理

普通车票的检验遵循一进一出的次序，即先有一次进站再发一次出站。如果乘客在进站时未经检票（或标志不清），或在出站时未经检票（或标志不清），就会造成因进出次序不匹配而导致车票的暂时性无效，通常需要由半自动售票机、补票机来完成更新。

由中央计算机系统设定某站、部分站点或全部车站对车票的进出站次序检查或不检查；或对某一类车票的进出站次序检查或不检查。

四、车票的更新

在半自动售票机、补票机对车票进行分析后，若为进出站次序错误、超时、超程等原因导致的问题，可对车票进行更新处理。中央计算机系统分别设定进出站码更新的时间和车站限制、进出站码更新的费用、超时更新的费用、超程更新计费方式、收费方式、更新次数等。

根据车票的分析结果，如果同时存在两种及两种以上需要更新的项目，则应对每项更新处理进行确认，并按照运营规则进行处理。

在进行更新处理时，半自动售票机、补票机相应更新车票进出站状态、时间及费用，并记录更新标志等信息。

单程票更新操作时不对单程票余值进行修改,通常另行收取费用。更新储值票时,从储值票上扣除收费金额,乘客也可以选择用现金另行支付。

五、车票的加值

储值票可以通过半自动售票机或加值验票机进行加值。中央计算机系统可设置加值的金额限制、允许加值的车票类型和加值优惠等。

六、车票的退换

乘客要求退票时,可在半自动售票机上办理退款业务。通常退款处理方式可根据车票是否被损坏分为即时退款或车票替换两种方式。中央计算机系统可设置退款条件、使用次数限制、余额限制、费用等,从而可以确保退票处理有足够的安全性,防止欺骗行为的发生。

对车票进行分析后,符合系统设置参数(如允许被替换的类型、指定的回收条件等)的车票,可以通过半自动售票机进行替换处理。进行替换处理时,会在被替换的车票上写入有关的替换信息,但车票上的原有信息不能被修改或抹除。车票上的余值、剩余乘次及优惠信息全部转入新的车票上。

七、车票的回收

可通过出站检票机,根据预先的设置,对单程票进行自动回收。通常回收后的车票可通过自动售票机、半自动售票机再次发售。当回收的车票达到规定的使用寿命或出现损坏不能继续使用时,则不能再次发售,应及时回收。也可以通过编码、分拣机按照分拣条件(提前参数设置)集中分析,将达到使用周期或受损车票分拣后回收。

八、票卡的注销

票卡在频繁使用之后,需对其使用状况进行及时检查。发现不能继续使用的票卡应及时注销,并删除流通数据库中的票卡编码,或将注销票卡信息保存至注销票卡数据库中,将票卡进行销毁。

项目四
自动售检票系统车站级设备

项目概述

城市轨道交通自动售检票系统车站级设备包括：AFC车站供电设备、AFC紧急设备、AFC车站终端设备和AFC车站计算机系统等。AFC车站级设备主要安装在城市轨道交通车站内，其中AFC车站终端设备是直接向乘客提供服务的设备。

本项目学习内容主要涵盖AFC供电设备、紧急设备、终端设备和计算机系统的基本结构、功能和工作原理。

学习目标

（1）掌握AFC车站供电设备、紧急设备和计算机系统的基本结构、功能和工作原理。

（2）掌握AFC车站终端设备的种类、结构、功能和工作原理。

（3）能够熟练操作AFC车站终端设备并能分析其软硬件故障原因。

知识体系

城市轨道交通**自动售检票系统**

任务一　车站供电设备

供电系统是由电源系统和输配电系统组成的产生电能并供应和输送给用电设备的系统。

城市轨道交通自动售检票系统车站设备的供电状况直接影响到乘客乘车体验和行车及运营安全,因此,车站供电系统设计标准较高,对后期的使用维护要求也很高。

自动售检票系统
供电设备

一般情况下,车站供电采用主-备(A/B)双路冗余设计,同时配备不间断供电电源,通过多种方式保障车站自动售检票系统供电的稳定性。

城市轨道交通自动售检票系统车站供电设备主要包括双电源切换箱(双切箱)、配电柜和不间断供电电源(Uninterruptible Power Supply,UPS)。如图4-1-1所示,为车站供电系统的示意图,两路独立的市政电源分别被引入自动售检票系统的双电源切换箱,其中一路作为主路供电电源,一路作为备用供电电源,当其中一路断电时由双切箱自动切换供电电源,而不影响后端设备用电。双切箱输出一路电源至自动售检票系统配电柜,配电柜负责将电源分配至不同的用电设备,同时配电柜和用电设备之间还安装有UPS,以保证市政供电掉电后,自动售检票设备仍然能够获取不间断的电源供给,并工作一段时间。

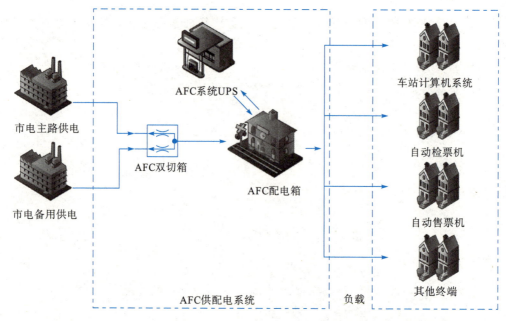

图4-1-1　车站供电系统示意图

知识单元一 车站双电源切换箱

一、双电源切换箱的基本结构与工作原理

双电源切换箱简称双切箱,其主要作用是引入两路独立的供电电源(一主一备),向后端配电柜输出一路电源。双切箱内部的主要元器件包括:负荷开关、断路器、浪涌保护器(Surge Protection Device,SPD)和双电源自动转换开关。

双电源切换箱工作原理图如图4-1-2所示,外部主-备供电电源分别为电源Ⅰ和电源Ⅱ,两路供电电源引入双切箱后分别安装负荷开关独立控制,经负荷开关后通过低压断路器安装防雷器(SPD)并接地,主备电源分别接入双电源自动转换开关,并输出一路电源经断路器向外输出电源至配电柜AP1。

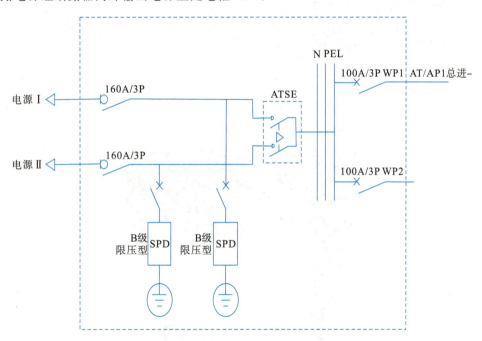

图4-1-2 双电源切换箱工作原理图

双电源切换箱外部一般安装有4个指示灯,如图4-1-3所示,4个指示灯由左向右分别为主电源接入、备电源接入、主电源输出、备电源输出,对应端口通电时指示灯点亮。

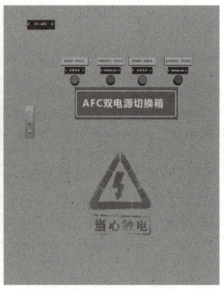

图 4-1-3 双电源切换箱外观图

双电源切换箱内部(图 4-1-4)由上而下分别安装：主、备负荷开关，主、备断路器和浪涌保护器、双电源自动转换开关和输出断路器。

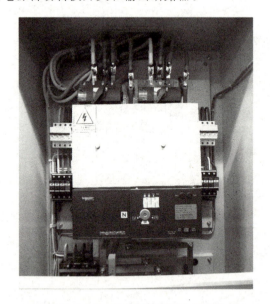

图 4-1-4 双电源切换箱内部图片

二、负荷开关

负荷开关是介于断路器和隔离开关之间的一种开关电器，具有简单的灭弧装置，能切断额定负荷电流和一定的过载电流,但不能切断短路电流。如图 4-1-5 所示,为负荷开关的实物图;如图 4-1-6 所示,为负荷开关的图形符号,其文字符号为 QL。

图 4-1-5　负荷开关实物图　　　图 4-1-6　负荷开关图形符号

三、双电源自动转换开关

双电源自动转换开关电器由一个(或几个)转换开关电器和其他必需的电器组成,用于检测电源电路,并能将一个或多个负载电路从一个电源自动转换到另一个电源。

双电源自动转换开关(图 4-1-7)是集开关功能与逻辑控制于一体,无须外加控制器,真正实现机电一体化的自动转换开关。此类电源切换开关的触头系统采用"单刀双掷"设计,为统一设计制造,体积小,结构简单。双电源自动转换开关一般不具备电流保护功能,属于 PC 级转换开关电器产品。

双电源自动转换开关的主要特点:无温升发热、触点黏结、线圈烧毁现象。开关带有机电联锁装置,可实现自投自复、自投不自复、失压、欠压、断相保护、手动-自动转换、延时控制等,为电源切换类主流产品。

自动售检票系统供电系统的双切模块的主要工作原理:两路配电来自不同低压供电电源,双电源自动切换开关的控制器对两路电源电流同时进行检测,正常情况下主回路电源投入供电负荷使用,主回路电源故障或停电后自动(人工)投入备用回路电源供负荷使用。主回路投入具有优先权,有主电源时备用电源不自动投入,除非采用手动状态人工投入。但只要投入备用电源主电源则自动断开,两回路永远不会同时投入供负荷使用。备用电源如果一直有电,则称为"热备用",重要系统和设备应该实现"热备用"。

双电源自动转换开关具备自动、手动两种操作方式,具备自投自复及自投不自复两种功能,还具有互为备用的功能,并且三种投切方式现场可调。能实现双电源的手、自动切换和安全隔离。

自投自复是指主备两路电源,当主电源正常有电时,主电源自动投入,备用电源

城市轨道交通**自动售检票系统**

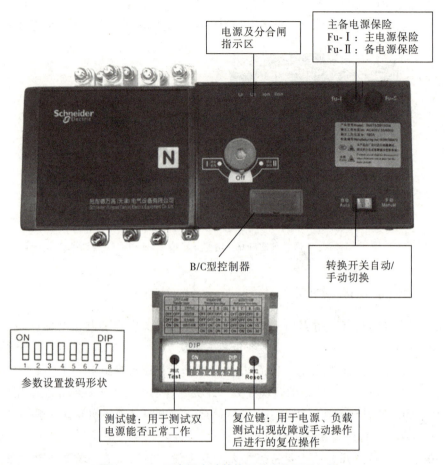

图 4-1-7 双电源自动转换开关实物图及机构

备用；当主电源故障或失电时，备用电源投入；如果主电源恢复正常时，自动停备用电源，再切换到主电源供电。

自投不自复是指主备两路电源，当主电源正常有电时，主电源自动投入，备用电源备用；当主电源故障或失电时，备用电源投入；如果主电源恢复正常时，不再自动切换到主电源供电，只有当人为切换或备用电源故障或失电时才能切换到主电源供电。

知识单元二　车站配电柜

城市轨道交通自动售检票系统车站配电柜主要负责电源的接入和分配，市政电源通过双切箱接入配电柜 AP1，通过配电柜 AP1 接入不间断供电系统，不间断供电系统输出电源重新接入配电柜 AP1，经由配电柜 AP1 分配至配电柜 AP2、AP3、AP4。配电柜 AP2、AP3、AP4 分别将电源分配至车站计算机系统、车站网络系统设备及自动售检票终端设备。

配电柜 AP1 安装在 AFC 设备房内,主要为 UPS 输入配电单元、UPS 输出配电单元两部分组成。UPS 输出配电单元将电源引至 UPS 的输入端,UPS 输出配电单元将 UPS 的输出分配给 AP2~AP6(AP5、AP6 为备用输出端口)。

当 AP1 柜输入电源正常时,通过 UPS 给后端负载供电,正常时通过手动操作输出开关来控制 AP2~AP6 及备用的电源通断。图 4-1-8 所示为配电柜 AP1 接线原理图。

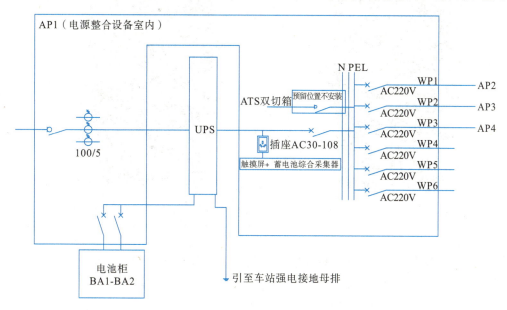

图 4-1-8 配电柜 AP1 接线原理图

在火灾工况下,接收到火灾报警系统(Fire Alarm System,FAS)提供的有源 24 VDC 保持信号后,通过分励脱扣器自动断开 AP2~AP6 及备用的电源,释放全部闸机及反馈信号给 FAS。

配电柜 AP2~AP4 接入电源均来自配电柜 AP1(图 4-1-9),且经过 UPS 实现不间断供电,配电柜 AP2~AP4 及备用配电柜通过低压断路器向后端用电设备(如:AFC 计算机和网络设备,自动售检票系统终端设备等)供电。根据车站 AFC 终端设备的实际安装位置和电源走线情况(自动售票机和自动检票机在展厅两端的安装情况和电源线布设的经济性和可靠性原则),一般 AP1、AP2、AP3 安装在车站一端的设备房,向附近 AFC 设备分配电源;AP4 安装在车站另一端的设备房,向附近的 AFC 设备分配电源。配电柜 AP2+AP3 实物如图 4-1-10 所示。配电柜 AP2~AP4 原理示意图如图 4-1-11~图 4-1-13 所示。

城市轨道交通**自动售检票系统**

图 4-1-9 配电柜 AP1 实物图

图 4-1-10 配电柜 AP2+AP3 实物图

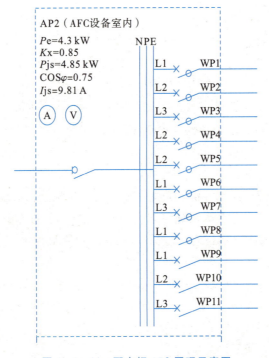

图 4-1-11 配电柜 AP2 原理示意图

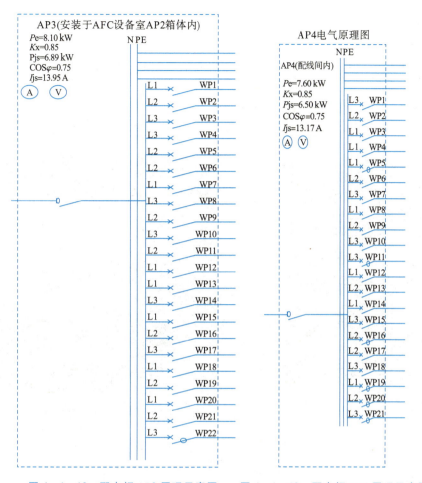

图 4-1-12　配电柜 AP3 原理示意图　　图 4-1-13　配电柜 AP4 原理示意图

知识单元三　车站不间断供电电源

城市轨道交通自动售检票系统的安全稳定工作，需要供配电系统提供安全稳定的电源供给。电力供给的突然中断会导致服务器、路由器、磁盘阵列、机电设备等精密设备数据丢失，以及设备损坏、死机、停止工作等故障；电网中存在的谐波污染、线间噪声、频率漂移的电源质量问题，会造成网络传输误码率大增，数据传输速度低下等不良现象。

城市轨道交通自动售检票系统引入不间断供电系统（Uninterruptible Power System，UPS）。UPS 是一种包含储能装置的不间断电源，主要用于给部分对电源稳定性要求较高的设备提供不间断的电源。其主要功能有在外部市政电力中断时为设备提供不间断电源供给，对市电进行稳压、稳频、滤波，消除电噪声、谐波和频率偏移等，改善电源质量，为设备提供高质量的电源等。现代智能化 UPS 功能不断升级，还具备电池管理功能和智能监控功能,能够有效延长电池使用寿命并提供 UPS 全生命周期维护数字化监控。

UPS 通过配电柜 AP1 接入 AFC 车站供电系统,为 AFC 系统所有设备提供安全可靠的高质量电力保障。每个车站为 AFC 系统单独配备一套 UPS,负责为自动售检票系统的计算机、网络设备和终端设备供电。车站 UPS 一般包括 UPS 主机和 UPS 蓄电池组,如图 4-1-14 所示为 UPS 主机实物图,如图 4-1-15 所示为 UPS 蓄电池组。

图 4-1-14　UPS 主机

图 4-1-15　UPS 蓄电池组

一、UPS 分类

按照运行原理,国际电工委员会将 UPS 分为后备式、在线互动式和双变换式三种类型。

(1)后备式 UPS:在市电正常时利用市电直接给负载供电,同时一个充电器给电池进行充电以保证电池处于满储能状态;在市电不正常时,启动逆变器,利用电池贮存的电能继续给负载供电。这种类型的 UPS 一般为小功率的 UPS。

(2)在线互动式 UPS:也在市电正常时利用市电对负载直接供电,但要对市电进行一定的处理,例如稳压、滤波等;同时,利用一个双向的变换器对电池进行充电,以保持电池处于满充状态。

(3)双变换式 UPS:先将市电变换成直流,一边给电池进行充电,一边供给下一级的逆变器,逆变器再将整流器或电池的直流变换成交流供给负载。这类 UPS 转换到电池供电的时间为 0,且可以消除市电中的各种波动,主要用于大功率的 UPS 和非常重要的负载,市场上的 3 kVA 以上的 UPS 基本上都是双变换式 UPS。

二、UPS 结构

UPS 电源结构由整流器、逆变器、蓄电池、静态开关等组成(图 4-1-16)。

(1)整流器：整流器和逆变器相反，是一个将交流电转化为直流电的装置，它主要有两个作用，一是将交流电转化为直流电经过滤波处理后提供给负载设备或是逆变器，二是为蓄电池起到一个充电电压的作用，好比一台充电器。

(2)逆变器：将直流电转化为交流电的一种装置，它由滤波电路、控制逻辑和逆变桥三部分组成。

(3)蓄电池：作为 UPS 电源储存电能的装置，由若干个电池串联而成。蓄电池容量的大小决定了可应急用电时间的长短。充电时，将电能转化为化学能储存在电池内部；当市电失电时，蓄电池放电，将电池中的化学能转化为电能提供给用电设备。目前 UPS 设备常用的蓄电池有铅酸蓄电池、胶体蓄电池、锂电池。

(4)静态开关：又称静止开关，属于无触点开关，由两个可控硅(晶闸管)反方向并联而成，并由逻辑控制器控制它的闭合和断开。用于实现逆变器和市电电源的并联，或者用于两路电源的供电中实现从一路电源到另一路的自动切换。

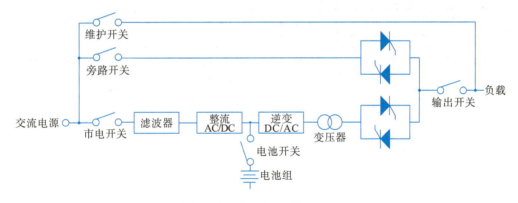

图 4-1-16 UPS 结构示意图

三、UPS 工作模式

UPS 具备四种工作模式：市电模式、电池模式、自动旁路模式以及维修旁路模式。

(1)市电模式。UPS 输入交流电供给正常时，UPS 工作在市电模式，输入交流电源通过主路输入，经整流器、逆变器输出给负载供电，同时电池处于浮充状态。

(2)电池模式。当输入交流电源掉电时，由电池经逆变器向负载供电。

(3)自动旁路模式。当 UPS 主机逆变模块故障时，UPS 自动切换至自动旁路给负载供电。

(4)维修旁路模式。在对 UPS 进行维修时，需要手动合上维修旁路开关，然后断开电池开关。此时，UPS 中的交流电源通过维修旁路开关直接向负载供电，UPS 内部整流、逆变、蓄电池等模块均不参与电源输出过程。

UPS 电气原理如图 4-1-17 所示。

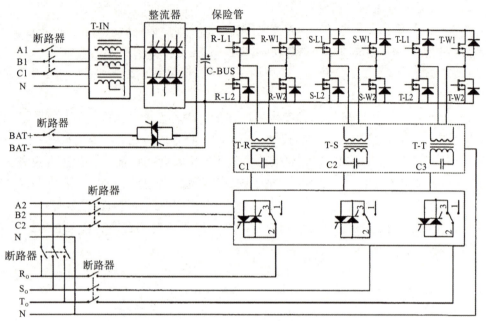

C-BUS 是直流母线电容；T-R、T-S、T-T 分别是 R、S、T 三路变压器；R-L1、R-L2、R-W1、R-W2 等分别代表 R、S、T 三路的斩波开关管。

图 4-1-17　UPS 电气原理图

任务二　车站紧急系统

城市轨道交通车站出现紧急情况时，如火灾、设备故障以及其他紧急情况需要疏散车站内乘客时，紧急系统启动，所有自动检票机通道打开，以便于快速疏散车站内的乘客。

自动售检票系统
紧急系统

知识单元一　车站紧急系统工作原理

紧急系统由紧急控制盒、火灾报警系统（Fire Alarm System，FAS）控制模块和安装在综合监控系统的综合后备盘（Integrated Backup Panel，IBP盘）的紧急按钮组成。紧急按钮与来自FAS控制模块的紧急状态输入（干触点）并联，连接到紧急控制盒。紧急控制盒通过信号线与闸机和SC相连接，在车站需要进入紧急状态时，能够接收紧急信号，并向闸机发送紧急指令，控制闸机释放扇门，同时向车站计算机系统反馈执行状态。地铁车站紧急系统工作原理，如图4-2-1所示。

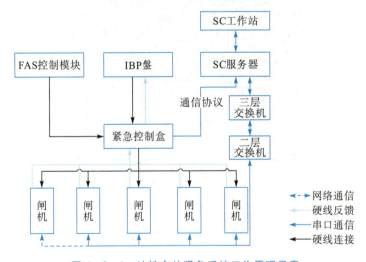

图4-2-1　地铁车站紧急系统工作原理示意

紧急状态有三种触发形式：FAS联动触发紧急模式、IBP盘紧急按钮触发紧急模式、LC\SC工作站下发紧急模式。前两种紧急模式只有触发信号来源不同，其紧急信号作用机制完全一致。

FAS联动和IBP盘紧急按钮触发紧急模式时，紧急控制盒接收到紧急信号，并向终端设备下发紧急信号，同时紧急控制盒向SC服务器发送紧急信号，SC服务器通过网络向终端设备发送紧急信号。

LC\SC工作站下发紧急命令时，由SC服务器通过网络直接向终端设备下发紧急信号，使终端设备进入紧急状态。

SC 工作站下发紧急命令的步骤：在 SC 工作站登录账户→点击设备操作→点击降级模式→输入操作员工号及密码（双权限认证）→双击执行，使所有闸机进行释放。

知识单元二　车站紧急设备

1. 紧急控制按钮

紧急控制按钮安装在车站控制室的 IBP 盘上，在紧急情况下由车站工作人员手动操作，启动紧急模式，紧急控制按钮如图 4-2-2 所示。紧急控制按钮主要包括紧急有效/无效钥匙开关，紧急释放按钮和紧急状态指示灯。

手动下达紧急信号时，首先将钥匙插入紧急有效/无效钥匙开关，并将模式打到有效位，然后按下紧急释放按钮，紧急模式启动，紧急状态指示灯亮。紧急系统复位时，首先手动弹起紧急释放按钮，然后将紧急有效/无效钥匙开关打至无效位即可。

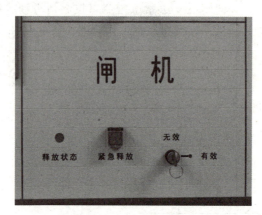

图 4-2-2　车站控制室 IBP 盘设置的闸机紧急控制按钮

2. 紧急控制盒

紧急控制盒(图 4-2-3)的主要组成部分：(1)电源指示灯，用于指示紧急控制盒的通电状态。(2)紧急状态指示灯，亮红灯时表示进入紧急状态。(3)紧急命令下发指示灯，红灯亮时表示紧急命令下发至终端设备。(4)模式切换按钮，用于切换紧急命令下发为自动或手动模式。自动模式时，紧急控制盒收到紧急命令后直接向终端设备下发紧急命令。手动模式时，紧急控制盒无法向终端设备下发紧急命令。一般情况下，紧急控制盒的工作模式为自动模式，必要时，可使用手动模式恢复因短路等误触发的紧急状态。(5)接线端子。紧急命令输出端接 AGM；紧急命令输入端，接 FAS 和 IBP 盘紧急按钮紧急信号线；紧急命令反馈端，向 IBP 盘反馈是否进入紧急状态(进入紧急状态后，IBP 盘紧急按钮指示灯亮)，向 FAS 反馈紧急信号。(6)紧急控制盒串口线，用于和 SC 服务器通信，获取服务器下发的紧急命令信号，并向服务器发送紧急控制盒的运行状态。

图 4-2-3 地铁紧急控制盒外观示例

无源信号输入的紧急控制系统接线图如图 4-2-4 所示，同一组闸机的接线方式与第一台闸机相同，为并联接线，紧急信号输出为继电器干接点信号输出，所有输出为串联输出。

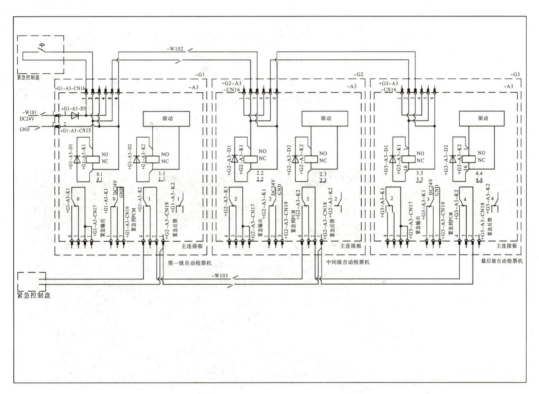

图 4-2-4 紧急控制系统接线图

城市轨道交通**自动售检票系统**

任务三　车站终端设备

自动售检票系统车站终端设备一般指自动售票机(TVM)、自动检票机(AGM)、半自动售票机(BOM)、自助票务处理机(STM)和便携式检票机(PCA)等。上述车站终端设备一般安装在地铁车站站厅层的不同位置,是直接面向乘客的设备,能够为乘客提供便捷的售票、检票、查询等服务。

知识单元一　车站终端设备简介

1. 自动售票机

TVM(图4-3-1、图4-3-2)安装在车站非付费区内,由乘客自行操作,通过人机交互的图文界面,自助购买地铁单程票及进行储值票充值。TVM满足纸币和硬币两种支付方式,并提供硬币清点功能,满足现金清点的需要。TVM可提供多种服务模式供车站进行选择。例如只售票模式、只充值模式、只收纸币模式、只收硬币模式、不找零模式等。

BOM 与 STM

图4-3-1　地铁自动售票机(一)

TVM与SC通过网络连接,TVM接收SC下发的参数、软件及控制命令,并向SC上传交易数据、业务数据、状态数据。当TVM与SC网络中断时,TVM可脱机独立运行,当网络连接恢复后,TVM自动上传未上传的数据。

项目四
自动售检票系统车站级设备

图 4-3-2 地铁自动售票机(二)

2. 自动检票机

AGM(图 4-3-3、图 4-3-4)设置在付费区与非付费区的交界处。AGM 可为在付费区与非付费区之间进出的乘客进行自动验票和放行。

图 4-3-3 剪式门自动检票机

城市轨道交通**自动售检票系统**

AGM 分为进站 AGM、出站 AGM、双向 AGM 和宽通道双向检票机四种。进站 AGM 在乘客从非付费区进入付费区时完成自动验票和放行功能，出站 AGM 在乘客从付费区到非付费区时完成自动验票和放行功能，双向 AGM 兼有进站 AGM 和出站 AGM 的功能。

图 4-3-4 拍打门自动检票机

3. 半自动售票机

半自动售票机(BOM)(图 4-3-5)亦称为票房售票机，主要通过操作员的操作来处理各种票卡业务。BOM 处理的业务包括售票、补票、充值、替换、退款、车票分析等。

图 4-3-5 半自动售票机

BOM 的功能可划分为面向乘客功能、面向运营功能、面向维修功能。BOM 支持孤岛运营，可以独立对票卡进行处理，可将数据暂存本地，待与 SC 恢复通信连接之后进行数据上传等工作。BOM 在处理与乘客有关的业务时，可以通过乘客显示器显示相关信息，如充值金额、票卡余额等。

半自动售票机由主控单元、单程票发售模块、操作员显示器、乘客显示器、读写器、单据打印机、键盘、鼠标及机壳等模块及组件构成。

半自动售票机主要功能如下：

1）售票

售票是指按照乘客的要求，操作员在操作员显示器选择票卡的种类。单程票、出站票由 BOM 自动发行。计次票、纪念票、储值票，则由操作员领取该发行公司的票卡，放在读卡装置的感应区域发行。

操作员根据票种，在 BOM 的操作员操作画面指定所需要的信息。BOM 自动判断如何发行车票后，将指定的参数写入发行的车票内。参数包括单程票、出站票、老人优惠票、乘次票、纪念票、员工票、储值票等。

BOM 在售票时，将生成逻辑卡编号、票种、票的属性信息、操作员编号、操作时间、充值金额等信息的交易数据。BOM 将交易数据发送到 SC，并与 BOM 内部收集的统计信息进行合计计算。更新 BOM 内部审计信息和寄存器信息。离线状态时，交易数据作为未传送数据保留在 BOM 内，待在线时发送给 SC。

2）充值

当乘客提出充值要求时，操作员选择充值处理，将票放在外置读卡装置的感应区。充值票卡一般包括储值票、老年储值票等。

BOM 在充值时，将生成包括票的逻辑卡编号、票种、票的属性信息、操作员编号、操作时间、充值金额等信息的交易数据。BOM 将交易数据发送到 SC，并与 BOM 内部收集的统计信息进行合计计算。更新 BOM 内部审计信息和寄存器信息。离线状态时，交易数据作为未传送数据保留在 BOM 内，待在线时发送给 SC。

BOM 充值操作时，操作员可以根据乘客要求，选择充值打印收据或者充值不打印收据。

3）补票

当票卡因进出站标记不正确、超时、超程、余额不足、车票损坏而无法正常进出站时，需要进行补票处理。补票时，BOM 根据 ACC 定义的参数来计算补票金额和手续费。具体分为超时补票、超程补票、无票补票、损坏车票的补票等。补票处理后，BOM 生成交易数据，更新操作员的审计信息和设备审计信息。

BOM 在补票时，将生成包括票的逻辑卡编号、票种、票的属性信息、操作员编号、操作时间、充值金额等信息的交易数据。BOM 将交易数据发送到 SC，并与 BOM 内部收集的统计信息进行合计计算。更新 BOM 内部审计信息和寄存器信息。离线状态时，交易数据作为未传送数据保留在 BOM 内，待在线时发送给 SC。

4）退款

退款指将车票剩余的金额退还给乘客。退款分为即时退款和非即时退款。BOM 在退款处理前对车票进行分析，检查车票的有效性和状态，通过票种的设定参数来判定可否退款。对可以读取票内部的编码信息，满足即时退款条件的票进行即时退款处理，对不满足条件的票进行非即时退款。

BOM 在退款时，将生成包括票的逻辑卡编号、票种、票的属性信息、操作员编号、操作时间、退款金额等信息的交易数据。BOM 将交易数据发送到 SC，并与 BOM 内部收集的统计信息进行合计计算。更新 BOM 内部审计信息和寄存器信息。离线状态时，交易数据作为未传送数据保留在 BOM 内，待在线时发送给 SC。

5）替换

替换是指由于车票票面陈旧、污损、无法正常读取等原因替换车票。乘客需要替换车票时，操作员选择替换处理，将车票放在外置读卡器的感应区内，进行操作。

替换分为 2 种处理方法：

(1) 即时替换处理。

当票卡有效并且按照系统的参数规定可以即时替换时，操作员显示器和乘客显示器上会显示票种、票的余额、押金等的信息。发行新票时，旧票的余额、押金将原封不动地转移到新票，并根据参数的设定收取成本费（卡成本）和替换手续费。

(2) 非即时替换处理。

当储值类车票因票卡原因造成车票信息无法读取且系统参数设定不允许即时替换时，进行非即时替换处理。操作员在 BOM 填写非即时替换申请后发送给 SC。可打印并提供给乘客非即时替换票据。在系统参数规定的可替换期间，乘客可以凭非即时替换票据领取新票。

6）分析

BOM 读取要分析车票内的信息，根据车票种类及用途对该票进行相应的分析，将分析结果及票内的历史交易记录，票内余额显示并打印给乘客。如果乘客对查询结果产生疑问，可通过界面输入车票编号，向 ACC 系统查询票的余额、使用记录及车票状况等，供乘客参考，必要时，可将结果进行打印输出。

BOM 在查询时，将生成包括票的逻辑卡编号、票种、票的属性信息、操作员编号、操作时间、票内余额等信息的交易数据。BOM 将交易数据发送到 SC，并与 BOM 内部收集的统计信息进行合计计算。更新 BOM 内部审计信息和寄存器信息。离线状态时，交易数据作为未传送数据保留在 BOM 内，待在线时发送给 SC。

4. 自助票务处理机

自助票务处理机（图 4-3-6）安装在地铁站厅付费区和非付费区，主要由主控单元、触摸乘客显示器、车票读写器及天线、音视频对讲模块、热敏凭条打印机、电源管理模块及机壳等部件组成。它是一种由乘客自助操作，实现非现金票务、查询等服务的多功能、高可靠设备，能够由乘客简便地自主操作，并显示票价和卡余额等信息，为乘客提供友好、快速的人机操作界面，体现出"高效、可靠、安全"的设计理念。

自助票务处理机能提供手机二维码、闪付等非现金支付手段，通过人机界面操作，实现票卡分析，付费区票卡更新，非付费区票卡更新，与座席端进行通信，提供电子发票等功能。

图 4-3-6　自助票务处理机外观示意图

自助票务处理机具有非现金支付票务自助处理、乘客信息显示、智能客服等功能，能替代车站票务客服人员及半自动售票机、自动验票机的大部分工作，有效减轻客服人员压力。同时自助票务处理机可扩展实现电子发票、账户实名服务等其他服务，增强乘客体验，为乘客提供多元化服务。

5. 自动票务查询机

自动票务查询机安装在非付费区供乘客对车票进行查询，能读取城市一卡通车票及轨道交通专用车票的数据。自动票务查询机主要由机械外壳、主控单元、乘客显示器(触摸屏)、读卡器、电源供应模块、交流配电模块、系统结构、逻辑结构等构成。其工作模式有两种，分别为正常模式和故障(退出)运行模式。

1) 正常模式

自动票务查询机可通过接受线路中心计算机系统或车站计算机系统下达的命令，设置为正常模式。在正常模式下，自动票务查询机可以对轨道交通发售的车票以及城市一卡通车票进行车票的有效性检查,并能在乘客显示器显示查询结果。

2)故障(退出)运行模式

自动票务查询机能自我诊断,当设备不能进入正常模式时,设备能自动暂停服务并转换到故障(退出)运行模式。

图4-3-7为自动票务查询机的外观示意图。

图4-3-7 自动票务查询机外观示意图

6. 便携式检票机

便携式检票机(Portable Card Analyzer,PCA)是用来检验非接触式票卡有效性的设备。它能对乘客所持车票进行查验,在高峰时段可实现离线进、出站检票功能。所有显示的信息采用中文显示。根据需求,便携式验票机可以实现应用系统对"市民卡"、轨道交通专用票卡的查询和验票等功能,并为相关城市互通卡保留了扩展接口。

便携式检票机只允许单独处理单张车票。当两张或两张以上的车票同时出现在读写器读写范围时,则会对其拒绝处理,并给出相应的声光提示。

便携式检票机为离线工作设备,具备外接数据传输接口,可与LC线路中央计算机系统或SC进行数据通信,可下载所需的系统参数,上传交易记录。便携式检票机在使用前需更新系统参数,并具备严格的权限管理功能。

持便携式检票机,可在不同的车站及不同的区域(付费区、非付费区)之间移动操作。设备操作时可显示检票和查询相关的信息。如票种、票值、历史资料、有效期、无效原因和应收票价等。所有信息应可以中、英文显示。

知识单元二 车站终端设备传感器基础

一、传感器的定义和组成

传感器是指能感受规定的被测量,并按照一定的规律转换成可用输出信号的器件或装置。从功能上讲,传感器通常由敏感元件、转换元件及转换电路组成。

二、传感器的分类

按输入量即被测对象分类,传感器可分为物理量传感器、化学量传感器和生物量传感器三大类。AFC 系统中常用的传感器为物理量传感器。物理量传感器又可分为光电传感器、电容传感器、压力传感器和位移传感器等。

三、传感器的工作原理

1. 光电传感器

光电传感器是将光信号转换为电信号的一种传感器,在非电量检测中应用广泛,具有反应快、非接触等优点。电传感器的工作原理源于光电效应。

用光照射某一物体,可以看作物体受到一连串的光子的轰击,组成该物体的材料吸收光子能量而发生相应电效应的物理现象称为光电效应。

光电效应分为三类,外光电效应、内光电效应、光生伏特效应。

1) 外光电效应

在光线的作用下能使电子逸出物体表面的现象称为外光电效应,基于外光电效应的光电元件通常为光电管。

图 4-3-8、图 4-3-9 分别为光电管的结构和工作原理图。当光电管阳极加上适当电压,从阴极表面逸出的电子被具有正电压的阳极吸引,在光电管中形成电流,称为光电流。光电流 I_φ 正比于光电子数,光电子数正比于光照度。

(a) 中心阳极型   (b) 半圆柱阴极型

图 4-3-8 光电管结构图   图 4-3-9 光电管工作原理图

2) 内光电效应

在光线的作用下能使物体的电阻率改变的现象称为内光电效应。基于内光电效应的光电元件有光敏电阻、光敏二极管、光敏三极管及光敏晶闸管等。

图 4-3-10 为光敏电阻的工作原理图，当光敏电阻受到光照时，光生电子-空穴对增加，阻值减小，电流增大。

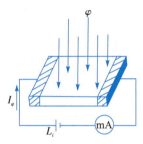

图 4-3-10 光敏电阻工作原理图

光敏二极管(图 4-3-11，图 4-3-12)在没有光照时，由于二极管反向偏置，所以反向电流很小，这时的电流称为暗电流，相当于普通二极管的反向饱和漏电流。当光照射在二极管的 PN 结上时，在 PN 结附近产生的电子-空穴对数量增加，光电流也相应增大，光电流与照度成正比。

 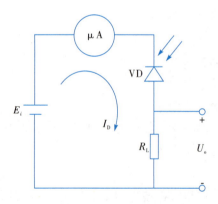

图 4-3-11 光敏二极管外形图　　图 4-3-12 光敏二极管工作原理图

3) 光生伏特效应

在光线的作用下物体产生一定方向电动势的物理现象。光电池是一种自发电型的光电传感器，在 P 型衬底上制造一薄层 N 型层作为光照敏感面，就构成最简单的光电池(图 4-3-13，图 4-3-14)。

图 4-3-13　光电池板外形图

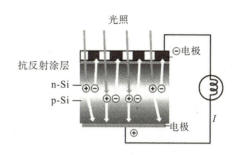

图 4-3-14　光电池工作原理图

2. 电容传感器

电容传感器是可将被测量转换为电容量的变化量的一种传感器。电容传感器具有相对变化量大、环境适应性强、小功率高阻抗、可实现非接触式测量、动态响应快等优点。

电容传感器的电容量为

$$C = \frac{\varepsilon A}{d} = \frac{\varepsilon_0 \varepsilon_r A}{d} \qquad (4-3-1)$$

式中　A——两极板相互遮盖的有效面积；

　　　d——两极板间的距离，也称为极距；

　　　ε——两极板间介质的介电常数；

　　　ε_r——两极板间介质的相对介电常数；

　　　ε_0——真空的介电常数，$\varepsilon_0 = 8.85 \times 10^{-12}\,(\text{F/m})$。

分析式(4-3-1)得出结论：在 A、d、ε 三个参量中，改变其中任意一个量，均可使电容量 C 改变。也就是说，电容量 C 是 A、d、ε 的函数。固定三个参量中的两个，可以做成三种类型的电容传感器：变面积式、变极距式、变介电常数式电容传感器。

1) 变面积式电容传感器

图 4-3-15 为一直线位移变面积式电容式传感器的原理图。被测量通过动极板移动引起两极板有效覆盖面积 S 改变，从而得到电容量的变化。

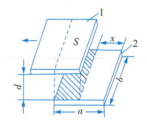

图 4-3-15　变面积式电容传感器

设两极板原来的覆盖长度为 b，极板宽度为 a，极距为 d，当动极板相对于定极板平移时（平移长度为 x），两极板的遮盖面积 S 会减小，电容量也随之减小。

变面积式电容传感器的输出特性是线性的，多用于检测直线位移、角位移、尺寸等参量。

2）变极距式电容传感器

变极距式电容传感器结构如图4-3-16所示。图中1为定极板，2为动极板。当动极板受被测物体作用引起位移时，改变了两极板之间的距离 d，从而使电容量发生变化。

如图4-3-16(b)所示，可以总结出变极距式电容传感器的3个特点：

(1)初始极距小，灵敏度高。

(2)非线性(缺点)；

(3)行程较小(两块极板短路)。

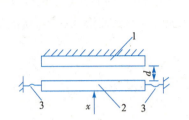
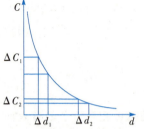

1—定极板；2—动极板；3—弹性膜片；
d—极板间的距离；x—动极板上下位移。

C—电容量；ΔC—电容变化量；
Δd—极板间距离变化量。

（a）结构示意图　　　　（b）电容量与极板距离的关系

图4-3-16　变极距式电容传感器

3）变介电常数式电容传感器

变介电常数式电容传感器(图4-3-17)可以检测片状材料的厚度、性质，颗粒状物体的含水量以及测量液体的液位等。

当某种介质处于两极板间时，介质厚度越厚，电容量也就越大。

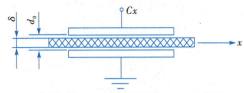

δ—介质厚度；d_0—极板间距离；Cx—电容值。

图4-3-17　变介电常数式电容传感器

3. 位移和压力传感器

位移和压力传感器分别是将外界的位移、压力等非电量转化为电阻的变化量，进而转化为电压或者电流的变化量的一种传感器。

电位器式传感器大都属于接触式测量，有一定的摩擦力，所以适合于能提供一定驱动能力、慢速、重复次数较少的场合。电位器式传感器在非电量电测中，可用于测量直线位移及角位移，根据胡克定律还可以将力与位移进行一定的转化，从而达到测量力的作用。电位器式传感器多用于张力测量、直线行程控制、角度控制、压力测量、油箱油位测量及在各种伺服系统中作为位置反馈元件。

电位器式传感器是大家熟悉的三端电子器件，通过调节电位器式传感器的滑动臂，可从恒压源取得平滑或跳跃变动的输出电压。直滑式电位器的输出电压与滑动臂的行程成正比，圆盘式电位器的输出电压与滑动臂的角位移成正比（图4-3-18）。

图4-3-19中的直滑式电位器输出电压$U_\circ$与滑动臂的直线位移x成正比，即

$$U_\circ = \frac{x}{L} \times U_i \qquad (4-3-2)$$

式中，L为滑动臂电阻长度；U_i为输入电压。

对圆盘式电位器来说，$U_\circ$与滑动臂的旋转角度α成正比：

$$U_\circ = \frac{\alpha}{360°} \times U_i \qquad (4-3-3)$$

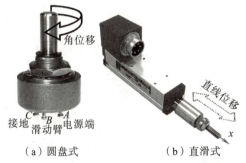

（a）圆盘式　（b）直滑式

图4-3-18　电位器式传感器

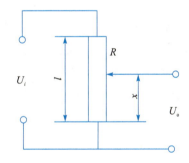

图4-3-19　直滑式电位器式传感器的工作原理图

四、传感器在 AFC 设备中的应用

1. 钞票的识别

AFC系统的自动售票机为交易的主要载体，承担了给乘客提供路线信息、交易信息、交互式使用等功能。交易为主要功能模块。纸币模块实现对纸币面额、币种的识别，实现纸币的接收、存储、拒收、退还等功能。纸币模块包含光学、电感、电介质和交叉传感器，采用紫外线、红外线、荧光反射成像、透视成像、物理尺寸等多种识别技术，可识别纸币双面的影像、防伪线和水印。硬币模块能接受多达16种不同硬币参数设置，并能根据硬币的直径、材质及厚度等参数指标辨别硬币的真假。硬币检测准确率大于99.9%。对无法识别的硬币给予退币处理。

2. 人为通行行为的识别

闸机的乘客监控单元包括16对通行传感器分布在闸门两侧通道内（每侧8对），用

来监控乘客的通行过程(图4-3-20)。4对安全传感器在闸门两旁，可以防止闸门夹伤乘客。闸机通行算法用于准确定义和描述闸机通道内行人的通行状态，并判断行人的通行行为是否有效。根据人体体形特征、行李外形特征、闸机外形特征、人员通过速度特征等特征数据，确定闸机通行传感器的数量及布局。同时，通过通行传感器的实时数据采集，获取行人的通行状态，判断出行人在闸机通道内的通行行为状态。TVM和TCM都采用了通行传感器。

图4-3-20　闸机上传感器分布示意图

3. 机械动作的识别

单程票发售机构在自动售票机内部完成对单程票的相关操作，如单程票的读写、传送等操作。在票卡传送的过程中，通过红外对射传感器对票卡进行定位(图4-3-21)，红外对射传感器还被应用于单程票回收模块、硬币处理模块中，用于对票卡和硬币的检测和定位。单程票回收模块传感器维护如图4-3-22所示。

图4-3-21　红外对射传感器检测原理示意图　　图4-3-22　回收模块传感器维护

4. 计数

AFC系统中纸币、硬币的找零情况，票卡的清点，人流的统计等都需要自动计数。可以实现自动计数功能的主要元件是光电传感器。每当光电传感器接收端与发射端被障碍物遮挡一次，测量电路就会返回一个光电信号，通过指令传输后实现自动计数功能。

5. 开关传感器

开关传感器是一种简单、可靠的传感器，广泛应用于自动化技术中。它可以将压力、磁场或位移等物理量转化为传感器内部电路的"开"和"关"两种电信号。

AFC 终端设备，包括票箱到位开关、维护门到位开关、模块开关中都用到了该类型的传感器。

6. 触摸屏

AFC 设备的触摸屏还用到压力传感器、电容传感器等其他类型传感器。触摸屏由触摸检测部件和触摸屏控制器组成。触摸检测部件安装在显示器屏幕前面，用于检测用户触摸位置。在玻璃表面贴上一层透明的特殊金属导电物质。当手指触摸在金属层上时（图 4-3-23），触点的电容就会发生变化，使得与之相连的振荡器频率发生变化，通过测量频率变化可以确定触摸位置获得信息。然后设备将信息传送至触摸屏控制器，并将它转换成触点坐标，再传送给 CPU。同时设备能接收 CPU 发来的命令并加以执行。触摸屏工作原理如图 4-3-24 所示。

图 4-3-23 电容传感器在触摸屏中的应用

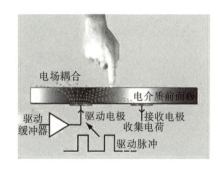
图 4-3-24 触摸屏工作原理图

传感器在 AFC 终端设备的应用给人们的生活带来了便利，提高了交通通行效率。未来一定会有更加广阔的发展前景。

知识单元三　自动售票机

自动售票机（TVM）安装在车站非付费区内，由乘客自行操作，通过人机交互的图文界面，自助购买地铁单程票及进行储值票充值。TVM 满足纸币和硬币两种支付方式，可提供多种服务模式供车站进行选择。例如只售票模式、只充值模式、只收纸币模式、只收硬币模式、不找零模式等。TVM 与 SC 通过网络连接，TVM 接收 SC 下发的参数、软件及控制命令，并向 SC 上传交易数据、业务数据、状态数据。当 TVM 与 SC 网络中断时，TVM 可脱机独立运行，当网络连接恢复后，TVM 自动上传未上传的数据。

自动售票机结构及功能

一、设备结构

TVM 主要由主控单元、单程票发送模块、读卡器、乘客显示器、纸币识别处理模块、纸币找零模块、硬币处理模块、运行状态显示器、维修面板、电源模块以及机械外壳等模块和组件构成。同时机柜内部还预留了网络交换机的安装空间。TVM 内部结构如图 4-3-25 所示,图中各序号对应的零部件说明如表 4-3-1 所示。

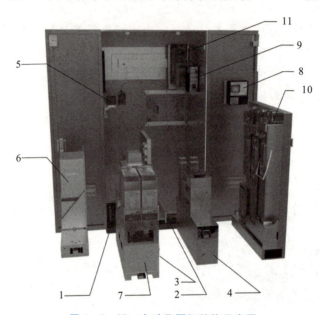

图 4-3-25 自动售票机结构示意图

表 4-3-1 TVM 零部件说明表

序号	模块名称	功能简介
1	主电源	为 TVM 内的模块提供稳定的直流电源
2	配电箱	安装漏电断路器和维修插座,为 TVM 内部使用的 AC 电源分配连接端口
3	硬币回收箱	设置 2 个回收箱,每个存币不少于 1000 枚,主要完成硬币的回收功能
4	纸币找零模块	当需要找零时,向外输出找零用的纸币
5	凭条打印机	完成单据的打印功能
6	纸币接收模块	完成纸币的接收、识别、存储等功能,可以接受至少 13 种不同的纸币
7	硬币处理模块	完成硬币的接收、识别、暂存、找零等功能
8	维护面板	维护面板用来为操作人员显示操作菜单,显示整机及各个功能模块的工作状态
9	工控机	主要负责运行控制软件,完成车票处理、通行控制、数据通信、状态监控等功能
10	发卡模块	乘客通过选择购票及投币后,发卡模块能自动完成供票、赋值、检票及出票的处理过程
11	输入输出接口板	负责 TVM 传感器信息的采集与处理

主要模块介绍如下。

1) 主控单元

TVM 的主控单元(图 4-3-26)采用嵌入式、宽温、低功耗免风扇的工业级计算机产品。主控单元的主要功能包括软件的控制运转、驱动纸币处理模块、硬币处理模块、单程票发售模块、读写器等部件运行、车票处理、现金处理、数据处理、数据记录、数据通信、状态监控等。

主控单元选用工业级计算机,能保证整机全天 24 小时不停机的稳定运行,并具备足够的完成指定功能的控制及处理能力。所选工控机为模块化设计产品,其在物理空间及功能上均满足产品互换性要求,便于维修与更换。

主控单元采用非易失性存储介质保存数据,有效避免在电源故障时损坏数据。并且同时配置了 DOM 盘和 CF 卡,通过镜像技术将数据进行二重备份。即使其中一种存储介质损坏,重要数据也不会丢失,有效保证了数据的存储安全。主控单元内置实时时钟可以维持当前日期和时间,其准确性满足至少±1 秒/日的要求,并且可以在电池供电下工作。

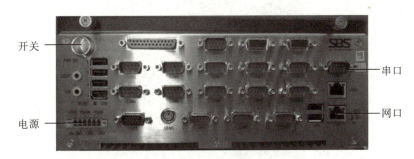

图 4-3-26 主控单元外观图

2) 电源模块

电源模块(图 4-3-27)是售票机的重要组成部分,市电输入交流 220 V,转换成直流 5 V/12 V/24 V 输出,供售票机各模块使用。电源模块各接口有对应的保险丝。

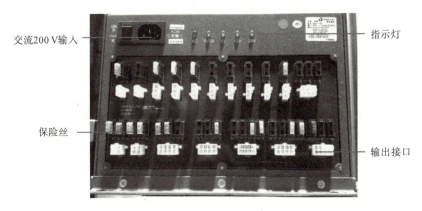

图 4-3-27 电源模块外观图

3) 单程票发售模块

单程票发售模块（发卡模块）由供票单元、票卡传送单元、出票单元、控制单元等组成。单程票发售模块接收主控单元的指令发售地铁单程车票，在发售过程中，将票种、票价等信息写入车票中。

单程票发售模块配有2个储票箱，每个储票箱的容量为1000张车票。还配置了1个废票箱，用于收纳发售过程中被检测为不合格的车票，废票箱容量为300张车票。如果出售同种车票，当一个票箱中没有车票后，可以从另一个票箱中取票发售。TVM中所使用的储票箱、废票箱在外形尺寸、容量、锁具等方面，与AGM、BOM中所使用的应保持一致，便于互换操作。图4-3-28所示为单程票发售模块外观图。

单程票发卡模块

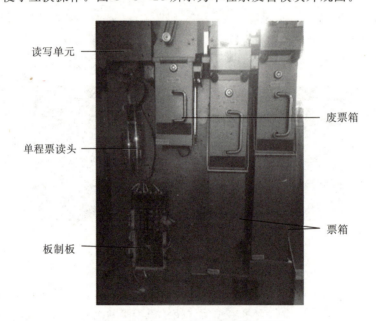

图4-3-28 单程票发售模块外观图

单程票发售模块在其储票箱与废票箱上装有机械锁，配有专用钥匙，按照正确操作从单程票发售模块中取下时，票箱上盖处于封闭状态，以防止单程票的流失。储票箱与废票箱内壁为不锈钢表面，有较好的平面光洁度，不会造成因有飞边或者毛刺对票卡造成刮伤的现象。箱体上带有把手，维护人员可以很方便地进行装卸、搬运等工作。图4-3-29所示为单程票发售模块的储票箱和废票箱外观示意图。

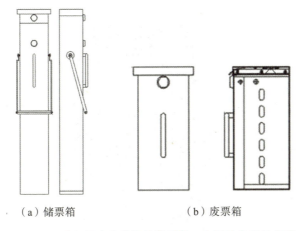

(a) 储票箱　　　　　　　(b) 废票箱

图 4-3-29　单程票发售模块的储票箱、废票箱外观示意图

4）读写器

TVM 设有单程票发售读写器和储值卡读写器（图 4-3-30），由控制器和天线单元组成。

COM1连接工控机通讯，COM3连接储值卡读头，COM4连接单程票读头。

图 4-3-30　读写器外观图

5）前面板

自动售票机前面板的主材为不锈钢材料可嵌入结构。面板上各组件的布放及位置符合人体工程学的设计要求，并有明确的文字标识。为了便于乘客操作，TVM 的前面板设计成向前倾斜，方便乘客观看显示内容及做相关的购票、充值操作。面板上图形及文字大小适中、印刷清晰、色彩与整体风格相协调。TVM 前面板上各组件的布局如图 4-3-31 所示。

其中各组件功能如下。

①乘客操作指南：向乘客提供购票及充值交易的具体操作步骤，同时指示触摸屏、乘客显示器、硬币投币口、纸币投币口、储值票插入口、出票找零口、票据出口等操作区域的具体位置。

②运营状态显示器：实时显示 TVM 当前的运营状态，提示乘客可进行的操作。

③乘客显示器（外附触摸屏）：为乘客查看信息、输入交易指令的操作界面。

城市轨道交通**自动售检票系统**

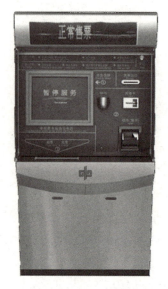

图 4-3-31　TVM 前面板布局图

④硬币投币口：硬币投放入口，开口适中、闸门控制，平时关闭以防止异物进入，当允许接收硬币时闸门打开。

⑤纸币投币口：乘客购买单程票或对储值票充值时的纸币投放入口。

⑥储值票入口：充值时储值票的放入口。

⑦出票口：单程票的输出口，外有活动挡板缓冲设计，防止票卡飞出或反弹，内有导流孔，使意外进入的液体迅速排出并防止异物进入。

⑧找零口：找零硬币与纸币的输出口，外有活动挡板缓冲设计，防止票卡飞出或反弹，内有导流孔，使意外进入的液体迅速排出并防止异物进入。

⑨票据打印：充值交易凭证的打印输出口。

⑩招援按钮：为乘客遇紧急情况时与车站管理人员联系的触发按钮。

⑪人体感应器：检测是否有乘客接近 TVM 准备做交易，以切换显示器的显示内容。

⑫银行卡入口（预留）：暂封闭，当安装银行卡读写器并启动银行卡服务时开启。

⑬密码键盘（预留）：暂不安装，用盖板覆盖，当启动银行卡服务时再进行安装。

6）硬币处理模块

硬币处理模块如图 4-3-32 所示，本模块主要是对中国国内流通的 1 元和 5 角硬币进行识别储存，并根据外部控制将储存的硬币用于找零。硬币处理模块的功能包括统一进款、识别计数、根据硬币类别进行分类、对模块内部每一枚进行分离识别后的币种暂时保存。需要找零的时按照计数结果一起出款。回收硬币时，按币种从每个回收口向模块外部各出款一枚硬币。

硬币处理模块

图 4-3-32 硬币处理模块实物图

7) 纸币处理模块

纸币处理模块是识别乘客投入到自动售票机的纸币的机械模块，安装在 TVM 上，可识别当前流通的所有币种的人民币纸币。纸币处理模块装有 1 个储钞箱，被识别并接收的纸币将会被传送到储钞箱。纸币处理模块具有暂存机构。暂存机构最多可以保存 15 张纸币。乘客投入的纸币，在交易完成前，暂时存放在暂存机构。交易完成时，保存的纸币进入储钞箱。交易被取消时，保存在暂存机构中的纸币被送到纸币退币口，乘客可取走退出的纸币。纸币处理模块包括纸币识别部分、纸币钱箱、纸币钱箱 ID 板及纸币模块皮带等。传动部分为金属材质结构，与产品最终使用寿命一致。图 4-3-33 所示为纸币处理模块示意图。图 4-3-34 所示为纸币处理流程图。

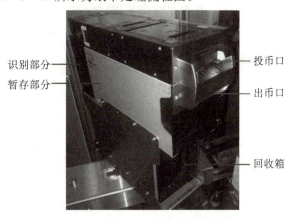

图 4-3-33 纸币处理模块

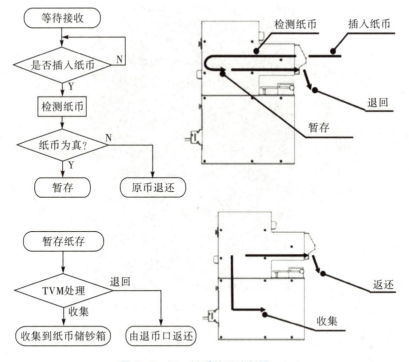

图 4-3-34 纸币处理流程图

8) 储值票处理模块

储值票处理模块是对乘客储值票进行收纳、读写,以完成卡片充值的部件,由储值票插卡装置和读写器构成。乘客进行充值时,所插入的储值票完全封闭在储值票处理模块内,并被锁定,保证了整个充值过程中乘客接触不到储值票。充值结束或被取消后,插卡装置会自动解锁,方便乘客取走储值票。图 4-3-35 所示为储值票插卡装置外观图。

图 4-3-35 储值票插卡装置外观

9) 后维修面板

后维修面板模块是设备后维护的重要部件,固定于 TVM 内部。后维修面板模块包括:显示屏、输入键盘等,其外观如图 4-3-36 所示。

图 4-3-36 后维修面板

后维修面板用来为操作人员显示操作菜单,显示整机及各个功能模块的工作状态,是操作和维护人员的显示、输入终端,帮助设备维护人员对设备进行运营维护,及对主要部件进行各种自动检测、诊断,并提供维护维修的操作界面,显示设备的相关工作状态信息。

10) 打印机

TVM 中装配了一台高速热敏打印机,用于充值打印交易凭证(乘客可凭交易凭证到服务中心兑换发票)及操作员的结账、维护信息。通过设定,可打印地铁运营线网所有要求打印的内容及线网站点名称。单据打印机内安装了无纸传感器、黑标检测传感器,可检测出有无纸和纸张堵塞的故障。单据打印机安装、维护方便,具有自动进纸功能,进行换纸和打印头清洗时不需借助工具便可完成。具备自动切纸控制及实时状态检测的功能。图 4-3-37 所示为单据打印机。

11) 纸币找零模块

TVM 中装配有纸币找零器,可以向外输出找零用的纸币,与硬币处理模块共同实现找零功能。纸币找零模块一般采用轻巧紧凑的外形,多钞箱出钞的模式。通常出钞模块标配 2 个钞箱,每个钞箱容量为 500 张,也可以逐一增加到 6 个钞箱。此外,纸币找零模块应满足实时监测钱箱内剩余纸币的情况,如少、空等状态,并可通过主控单元将上述状态上送至 SC。图 4-3-38 所示为纸币找零器。

图 4-3-37 单据打印机　　　　图 4-3-38 纸币找零器

二、系统结构

TVM 通过主控单元驱动各功能模块，以实现相关的业务功能。自动售票机的电气原理如图 4-3-39 所示：

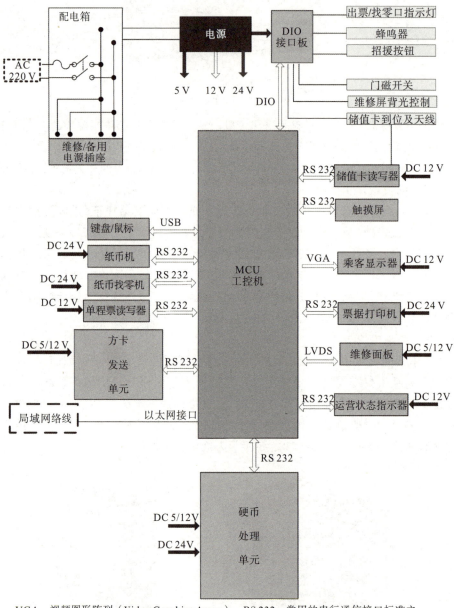

VGA—视频图形阵列（Video Graphics Array）；RS 232—常用的串行通信接口标准之一；LVDS—低电压差分信号（Low-Voltage Differential Signaling）。

图 4-3-39　自动售票机电气原理图

三、功能说明

1. 运营开始

运营开始是使设备通过约定的程序进入可以正常运营的状态的功能。TVM 运营开始时，会进行设备自检，各部件模块的初始化，发生故障时进行自恢复处理，无法自恢复的故障需要记录故障业务数据并上报 SC。此外，还要进行时钟同步，参数、软件同步，增值安全访问模块（Increase Securation Access Modual，ISAM）卡签到，检查运营日等。

2. 运营结束

TVM 运营结束后会进行结算处理，包括：上传审计数据，生成运营结束业务数据、寄存器数据和日志数据，备份交易数据、业务数据和其他重要数据，清理过期数据，ISAM 卡签退。

3. 售票

TVM 根据乘客的操作进行轨道交通专用车票的售票处理，乘客可通过 TVM 购买一张或者一次购买多张单程票。当乘客接近自动售票机时，其界面自动切换为主界面。当乘客投入钱币时 TVM 检查投入的纸币或者硬币的真伪，并根据真伪进行收入或者回退操作。

4. 充值

TVM 根据乘客的操作进行储值票的充值处理。乘客可根据 TVM 界面的操作提示，进行充值操作，并在操作过程中伴有相应的语音提示。

5. 操作员登录与登出

操作员登录 TVM 时，输入用户名和密码；TVM 对操作员编号、操作员密码、有效期等进行验证，并向 SC 发送登录请求；由 SC 对操作员是否被停用、锁定、密码被终止或者重复登录进行验证，并将验证结果反馈给发起设备。

操作员登出时，操作员在界面上进行退出操作，并发送登出请求，通知上位服务器操作员已经登出。

6. 操作员锁定

当操作员连续 3 次登录失败时，TVM 锁定操作员账户，并将锁定信息上报 SC。锁定的操作员账户不能登录，必须由人工解锁或下次运营开始时自动解锁后方可使用。

7. 交易查询

操作员登录 TVM 后，可逐条查看 TVM 最近 100 条交易信息，并检查交易执行结果和错误原因，以便确认是否存在票卡处理错误或失败的情况并分析其原因。

8. 销售、现金查询

授权操作员登录 TVM 后，可查询 TVM 本日的销售统计及现金收付情况。

9. 查询数据传输情况

授权操作员登录 TVM 后，查询 TVM 数据（含交易数据和业务数据）传输情况，并确认是否存在未上传的数据。

10. 系统状态查询

操作员登录 TVM 后，可查询 TVM 设备设置信息、网络状态、服务模式、部件状态（打印机、票卡处理模块、硬币/纸币处理模块）、钱箱状态、票箱状态等。

11. 服务模式设置

服务模式设置是指 TVM 收到 SC 模式控制命令或由授权操作员在本机通过自定义设置 TVM 的运行模式。TVM 上可设置的服务模式：无找零模式、拒收硬币模式、只充值模式、只售票模式、拒收储值票售票模式、只收硬币发售单程票模式（拒收纸币模式）、正常模式、暂停服务模式等。

12. 票箱/纸币箱更换

操作员在操作界面上选择票箱/纸币箱更换功能，根据提示信息将原票箱/纸币箱卸载。将待安装的新票箱/纸币箱安装在设备上。选择更换结束后，TVM 检查票箱/纸币箱的合法性（检查箱体是否安装到位、无线射频识别信息是否正确）。

13. 检查参数/程序版本

操作员登录 TVM 后，查看 TVM 当前下载和使用的各类参数（含票价表等关键参数）版本及程序版本信息，确保 TVM 使用了正确的参数、程序进行工作。如版本有误，可在车站中心工作站（Station Center Work Station，SCWS）上控制 TVM 进行参数/程序同步，或通知维修人员进行处理。

14. 结算处理

TVM 运营结束时会根据各钱箱、票箱的清点金额进行结算处理，统计当天的销售信息并上传给 SC。

15. 设备设置

授权操作员登录 TVM 后，可对 TVM 的基本设置信息进行修改。修改的内容包括：设备 ID、设备所在线路及车站、本机的 IP 地址等网络设置、SC 的 IP 地址等。

16. 测试/检测模式

在该菜单下可以对 TVM 内部各个模块进行测试，判断模块运行状态。此外还可以进行网络连接状态检测、招援按钮检测、人体感应器检测、储值票处理机构检测、车票发行机构检测、硬币处理单元检测、纸币处理单元检测、纸币找零单元检测、打印机状态检测等。

17. **数据导入导出**

授权操作员登录 TVM 后，可使用外部存储设备在 TVM 上导入软件、参数、交易数据等，同时也可以导出未上传的交易数据、设备的运行日志等。

城市轨道交通**自动售检票系统**

知识单元四　自动检票机

自动检票机（AGM）设置在付费区与非付费区的交界处，是乘客在付费区与非付费区之间进出时自动验票和放行的自动检票设备。AGM分为进站 AGM、出站 AGM、双向 AGM 和宽通道双向检票机四种。进站 AGM 在乘客从非付费区进入付费区时完成自动验票和放行功能，出站 AGM 在乘客从付费区到非付费区时完成自动验票和放行功能，双向 AGM 兼有进站 AGM 和出站 AGM 的功能。

自动检票机结构及功能

常见的自动检票机根据阻挡体类型的不同分为三辊式自动检票机、剪式门自动检票机和拍打门自动检票机（图4-3-40～图4-3-42），其中剪式门自动检票机和拍打门自动检票机被广泛用于城市轨道交通自动售检票系统、铁路自动售检票系统及其他自动检票系统中。自动检票机一般成组安装，两侧分别安装边机。边机只安装一个阻挡体模块，中间机则安装两个阻挡体模块，分别负责左右两个通道的阻挡。

图4-3-40　三辊式 AGM

图4-3-41　剪式门 AGM

项目四

自动售检票系统车站级设备

AGM 通信逻辑

图 4-3-42 拍打门 AGM

一、剪式门自动检票机

剪式门自动检票机单台外形尺寸一般为 1.9 米×0.3 米×1.1 米(长×宽×高)，标准通道宽度 0.55 米，宽通道宽度为 0.9 米，车票处理速度≤0.3 秒/张(包括检查、编码、校验等)，车票回收处理速度≤0.5 秒/张(包括检查、编码、校验、无效退出等)，扇门完全打开时间≤0.5 秒(从检查车票有效后)，各通道通过能力 60 人/分钟(不回收车票)或 40 人/分钟(回收车票)。

1. 剪式门自动检票机的基本结构

剪式门自动检票机外部结构和内部结构模型示意图如图 4-3-43 和图 4-3-44 所示。

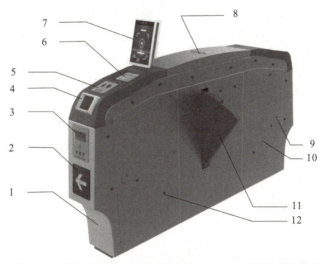

1—外壳；2—通行指示灯；3—单程票回收口；4—二维码扫码摄像头；
5—刷卡感应区；6—乘客显示器；7—人脸识别设备；8—警示灯；9—维修门锁；
10—维修门；11—阻挡装置（扇门机构）；12—通行传感器。

图 4-3-43 剪式门 AGM 外观示意图

· 143 ·

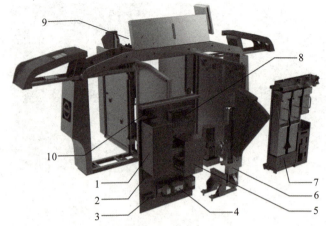

1—工控机；2—主连接板；3—从连接板；4—AC接线排；5—电源模块；6—扇门机构；
7—单程票回收模块；8—扇门控制单元板；9—读卡器；10—蜂鸣器（语音喇叭）。

图 4-3-44　剪式门 AGM 内部结构示意图

2. 剪式门自动检票机各模块的基本功能

（1）外壳：外壳采用 2 mm 不锈钢板制作，内部结构采用 2.5 mm 不锈钢板制作。

（2）通行指示灯：通行指示灯是一种 LED 点阵显示器，可以显示红色的禁行标志和绿色的允许通行箭头，为乘客指示该闸机通道的通行方向。

（3）单程票回收口：持单程票出站的乘客可根据提示将单程票插入回收口，以便单程票回收模块对单程票进行识别和回收。

（4）二维码扫码摄像头：用于读取乘客提供的进出站二维码，并将读取信息发送给智能乘车平台系统。

（5）刷卡感应区：乘客可根据提示在此区域刷卡进站，其下方安装有票卡读写天线，能够对乘客放置在上方的票卡进行无接触识别的读写。

（6）乘客显示器：自动检票机在进站检票机的进站端、出站检票机的出站端和双向检票机、宽通道检票机的两端上盖处设有乘客显示器，采用 LED 屏。耐用、防冲击、可靠性能高，用于显示车票及维修信息。乘客显示器安装位置不会影响乘客及其携带的行李通过。双向检票机两端的乘客显示器可以供双方向的乘客使用。

（7）人脸识别设备：包括集成的摄像头和显示器，能够实时识别和显示乘客的面部图像，并显示是否允许通行；一般分为进站识别器和出站识别器，获取的人脸信息通过 ITP 系统进行处理和识别。

（8）警示灯：指示闸机当前的运行状态，例如无效卡、票箱满等。能够显示绿色、黄色和红色，绿色为允许通行，红色为禁止通行，黄色表示紧急状态起警示作用。

（9）维修门锁：各维修门均安装有维修门锁，检修时可使用专用钥匙打开。

（10）维修门：作为外壳的一部分，可以通过钥匙开启和关闭，开启后方便对设备进行维护和检修，维修门的开启和关闭状态收到维修门传感器的监测，维修门开启时，维修门传感器指示开门，自动检票机暂停服务。

(11) 扇门机构：普通通道采用单扇门结构，宽通道扇门采用伸缩型扇门。扇门的运行方向与乘客通行方向垂直，打开时能够完全缩入 AGM 机壳内。此种设计能够保证持有效车票的乘客通过通道而不会给其他乘客造成伤害或带来不便。扇门的开关速度和动作方式能够满足通行控制的要求，保证持有效车票的乘客能够以正常走行速度无停滞地通过。同时，可迅速地、无伤害地阻挡住试图非法通过的乘客。

(12) 通行传感器：能够监控乘客通过检票机的整个过程以及准确监测通过检票机的人数。乘客通行检测用传感器为对射型红外光电传感器。在使用时，传感器成对出现，一端发射红外线，一端接收电路。乘客探测就是通过遮挡对射型传感器发出的红外线来实现，当有物体阻挡红外线，红外接收器输出开关信号，据此就可判断有乘客进入和通过。乘客身高检测用传感器为漫反射型传感器。漫反射型光电传感器集成了发射器与接收器。在有效检测范围内没有物体时，接收器探测不到有光束返回，传感器的输出端状态不会发生变化；当有物体在检测范围内时，通过光束反射，接收器收到返回光束，输出状态发生改变，据此来探测是否有目标物体通过。

(13) 工控机：即工业控制计算机，作为 AGM 的主控单元，是一种嵌入式、宽温、低功耗免风扇的工业计算机产品。主要负责运行控制软件，完成检票处理、通行控制、数据通信、状态监控等功能。主控单元工业级计算机能保证整机全天 24 小时不停机的稳定运行，并具备足够的控制及处理能力完成指定功能。主控单元采用非易失性存储介质保存数据，有效避免在电源故障时损坏数据。并且同时配置了 DOM 盘和 CF 卡，通过镜像技术将数据进行二重备份。即使其中一种存储介质损坏，重要数据也不会丢失，有效保证了数据的存储安全。

(14) 主连接板：每个闸机通道包含一侧的主机设备和另一侧的从机设备，该通道扇门的开闭要求主机的扇门机构和从机的扇门机构同时动作。因此主机安装有主连接板，连接从机的从连接板，从而实现主从机扇门机构的同步动作。

(15) 从连接板：负责与主机的主连接板通信，并向从机扇门机构发送开关门信号，实现主从机扇门单元的同步动作。

(16) AC 接线排：安装有低压断路器、接线端子和备用插座等，外部电源引入到 AC 接线排，经过低压断路器向设备内部的各模块供配交流电源。

(17) 电源模块：接受工频交流电，并输出设备内部各模块所需的直流电源，如 12 V、5 V 等直流电源。电源各输出端口根据负载功率均安装有保险管。

(18) 扇门机构：扇门机构主要包括门体、驱动单元、传动单元、传感器、控制器和电源模块等。扇门机构结构示意图如图 4-3-45 所示。

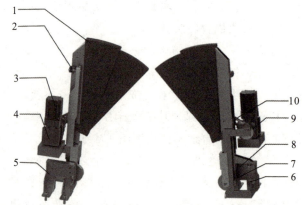

1—门体；2—电磁铁；3—电动机；4—减速器；5—底座；6—扇门复位缓冲器；
7—扇门动作传感器；8—扇门复位弹簧；9—凸轮机构；10—连杆机构。

图4-3-45 扇门机构结构示意图

(19) 单程票回收模块：由储票单元、票卡传送单元、控制单元等组成。单程票回收模块能够回收地铁单程车票并堆叠在票箱中。在回收过程中，检查票卡的合法性并将相应信息写入车票中。当一个票箱中回收车票已满后，可以回收至另一个票箱。可从插入口退出错误的车票，并使错票停留在插入口，等待乘客拿走，有效防止票卡飞票现象发生。单程票回收模块配有2个储票箱，每个储票箱的容量为1000张车票。还配置了1个废票箱，用于收纳回收过程中被检测为不合格的车票，废票箱容量为300张车票。AGM中所使用的储票箱、废票箱在外形尺寸、容量、锁具等方面，与TVM、BOM中所使用的完全一致，可进行互换。且储票箱、废票箱的取下和放入操作均非常简单，不需要借助任何特殊的工具。

(20) 扇门控制单元(Gate Control Unit，GCU)板：乘客通行逻辑控制，接收通行传感器的信号，判断乘客通行状态并控制扇门机构是否动作，同时具备方向指示器控制，以及紧急放行控制。

(21) 读卡器：安装有密钥，负责与工控机通信，并驱动读写天线完成对各种票卡的识别与读写。

(22) 蜂鸣器、语音喇叭：蜂鸣器和喇叭，能够发出不同的警示声音，如短促单声、短促两声、长声。在处理车票时，可以发出提示声响。对于不同票种通过检票机时能够通过参数设置其警示声音模式。报警器能够在使用优惠车票、车票无效或无票通过时提示乘客，同时能帮助管理人员确认乘客所使用的票种。

2. 剪式门自动售票机的系统结构

剪式门自动售票机的系统结构关系示意图如图 4-3-46 所示。

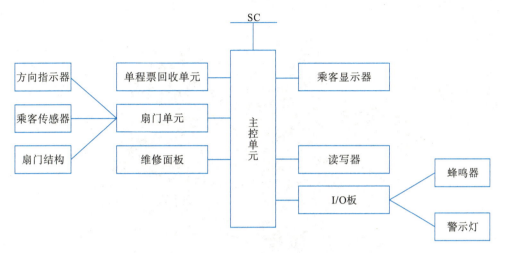

图 4-3-46　剪式门自动售票机的系统结构关系示意图

二、拍打门自动检票机

拍打门自动检票机单台外形尺寸一般为 1.9 米×0.19 米×1.1 米（长×宽×高），标准通道宽度 0.68 米，宽通道宽度为 0.99 米，车票处理速度≤0.3 秒/张（包括检查、编码、校验等），车票回收处理速度≤0.5 秒/张（包括检查、编码、校验、无效退出等），扇门完全打开时间≤0.5 秒（从检查车票有效后），每通道通过能力 60 人/分钟（不回收车票）或 40 人/分钟（回收车票）。

1. 拍打门自动检票机的基本结构

拍打门自动检票机外部结构和内部结构模型示意图如图 4-3-47 和图 4-3-48 所示。拍打门自动检票机外观功能性结构除阻挡体由剪式扇门改为平开旋转式拍打门外，其他结构与剪式门自动检票机基本保持一致，其内部结构功能也基本类似。

拍打门自动检票机的阻挡体（门体）较薄，开关门时不需要缩进设备内部，因此，拍打门自动检票机的机身比剪式门薄，相同距离可以部署更多的通道。

2. 拍打门自动检票机各模块的基本功能

（1）外壳：外壳采用 2 mm 厚度不锈钢板制作，内部结构采用 2.5 mm 厚度不锈钢板制作。

（2）通行指示灯：通行指示灯是一种 LED 点阵显示器，可以显示红色的禁行标志和绿色的允许通行箭头，为乘客指示该闸机通道的通行方向。

（3）二维码扫码摄像头：用于读取乘客提供的进出站二维码，并将读取信息发送给

城市轨道交通**自动售检票系统**

智能乘车平台系统。

(4) 刷卡感应区：乘客可根据提示在此区域刷卡进站，其下方安装有票卡读写天线，能够对乘客放置在上方的票卡进行无接触识别的读写。

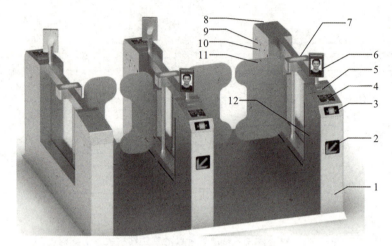

1—外壳；2—通行指示灯；3—二维码扫码摄像头；4—刷卡感应区；5—乘客显示器；
6—人脸识别设备；7—警示灯；8—单程票回收口；9—通行传感器；10—维修门锁；
11—阻挡装置（拍打门机构）；12—维修门。

图 4-3-47 拍打门 AGM 外观示意图

1—工控机；2—电源模块；3—蜂鸣器&语音喇叭；4—GCU板；5—CCM协调控制模块；
6—AC接线排扇门机构；7—拍打门单元电源；8—MDC拍打门电机驱动单元；9—拍打门机构；
10—单程票回收模块；11—读卡器。

图 4-3-48 拍打门内部结构示意图

(5) 乘客显示器：自动检票机在进站检票机的进站端、出站检票机的出站端和双向检票机、宽通道检票机的两端上盖处设有乘客显示器，采用 LED 屏。耐用、防冲击、可靠性能高，用于显示车票及维修信息。乘客显示器安装位置不会影响乘客及其携带的行李通过。双向检票机两端的乘客显示器可以供双方向的乘客使用。

(6)人脸识别设备：包括集成的摄像头和显示器，能够实时识别和显示乘客的面部图像，并显示是否允许通行；一般分为进站识别器和出站识别器，获取的人脸信息通过ITP系统进行处理和识别。

(7)警示灯：指示闸机当前的运行状态，例如无效卡、票箱满等。能够显示绿色、黄色和红色，绿色表示允许通行，红色表示禁止通行，黄色表示紧急状态起警示作用。

(8)单程票回收口：持单程票出站的乘客可根据提示将单程票插入回收口，随后单程票回收模块对单程票进行识别和回收。

(9)通行传感器：同剪式门自动检票机。

(10)维修门锁：各维修门均安装维修门锁，检修时可使用专用钥匙打开。

(11)拍打门机构：拍打门在物理类型上区分左/右拍打门，如图4-3-49所示，为左右拍打门的开关门示意图。拍打门可以简单地通过更改门体的尺寸来改变通道的宽度(普通通道或宽通道)，不需要改变其他电气设备或机械部件，门体一般采用8 mm厚度透明聚碳酸酯材质或玻璃钢材质。

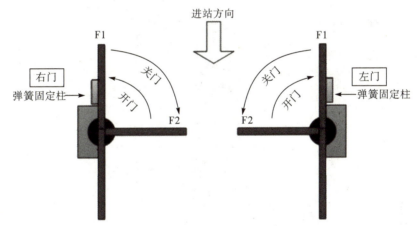

F1—断电释放位置；F2—关门位置。

图4-3-49 拍打门开关门示意图

(12)维修门：作为外壳的一部分，可以通过钥匙开启和关闭，开启后方便对设备进行维护和检修。维修门的开启和关闭状态受到维修门传感器的监测，维修门开启时，维修门传感器指示开门，自动检票机暂停服务。

(13)工控机：同剪式门自动检票机。

(14)电源模块：同剪式门自动检票机。

(15)蜂鸣器、语音喇叭：同剪式门自动检票机。

(16)GCU板：同剪式门自动检票机。

(17)CCM协调控制模块：主要执行一对(左右)或一个通道拍打门的协调同步开

门、关门控制。

（18）AC 接线排：同剪式门自动检票机。

（19）拍打门电源模块：拍打门电源采用拍打门专用电源模块，包含 1 路 AC 220V 输入和 2 路输出（DC 48 V/DC 30 V），为电机驱动控制器（Motor Drive Controller，MDC）和协调控制模块（Coordination Control Module，CCM）提供电源，提供过载保护功能。

（20）MDC 拍打门电机驱动单元：专用的伺服驱动器，能够解析 CCM 的控制信号，响应开关门指令；可以精确控制拍打门力矩，反馈灵敏，可精确控制扇与乘客的接触力；可以精确伺服控制拍打门开关动作，动作平稳顺畅、低噪声；可以监测关门状态下扇叶受外力（如冲撞、暴力开门）情况，通过控制电磁制动器锁止扇叶，锁止力为（200±30％）N（140～260N）；具备过压、过流、过温保护功能；具备电机故障监测、故障上报功能；具有丰富的人机接口，方便维修调试；具有日志记录功能。

（21）拍打门机构：扇门机构主要包括门体、驱动单元、传动单元、传感器、控制器和电源模块等。拍打门机构结构示意图如图 4-3-50 所示。

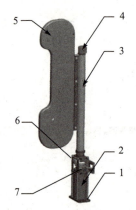

1—底座；2—电动机；3—支撑柱；4—上端固定件；
5—电磁制动器；6—制动器；7—复位弹簧。

图 4-3-50　拍打门机构结构示意图

（22）单程票回收模块：同剪式门自动检票机。

（23）读卡器：安装有密钥，负责与工控机通信，并驱动读写天线完成对各种票卡的识别与读写。

三、自动检票机的主要功能

1. 运营开始

当自动检票机开机、接收到车站计算机系统下达的运营开始命令或达到运营时间表设定的运营开始时间时，自动检票机进行运营开始业务，当运营开始业务成功执行后自动检票机才可以进入正常运营的状态。

2. 运营结束

当自动检票机到达运营时间表规定的运营结束时间、收到车站计算机系统下发的运营结束控制命令或者自动检票机操作员通过维护界面执行运营结束时，自动检票机进行运营结束业务。自动检票机运营结束是设备结束该运营日运营、清理数据，为第二天运营作准备的功能。

3. 执行运行时间表

当运行时间表中有计划任务到达执行时间时，自动检票机可以自动执行计划任务向车站计算机系统上报执行结果，并根据需要记录必要的操作日志。

4. 数据审计

自动检票机的主控单元中设有电子形式且不可复位的数据寄存器，用于记录所有自动检票机交易过程中对各种车票的处理张数、交易金额等统计数据。车站计算机系统会核对自动检票机上报的这些寄存器数据与先前收到的交易数据，审计自动检票机交易数据的准确性。

5. 操作员登录与登出

自动检票机操作员进行设备维护时，必须进行身份、权限认证。授权的操作员可通过输入操作员编码、密码登录自动检票机进行维修维护操作。自动检票机验证操作员密码并进行权限检查，只允许操作员执行具有合法授权的功能。当自动检票机还未从车站计算机系统下载操作员权限参数时，将进入默认权限，操作员可以对自动检票机基础信息进行维护。已登录的操作员在完成自动检票机维护工作后，可选择退出登录。当操作员登出后，自动检票机界面返回至操作员登录界面，等待操作员再次登录。

6. 票箱更换

票箱更换包含票箱卸下、票箱安装功能，授权操作员登录自动检票机后，便可以选择。票箱安装、卸下功能将会改变操作员手中的票卡库存以及设备上的票卡库存。当选择票箱安装功能后，操作员根据提示信息将票箱安装到自动检票机上，自动检票机检查票箱合法性，并根据需要记录必要的操作日志，储存票箱安装业务数据，更新自动检票机状态并向车站计算机系统上报状态变更数据。当选择票箱卸下功能后，自动检票机保存票箱当前状态并将当前状态写入票箱电子标签。操作员根据提示信息将票箱从设备上卸下。根据需要记录票箱编号、票箱内车票数量以及更换时间等信息，储存票箱卸下业务数据，更新自动检票机状态并向车站计算机系统上报状态变更数据。

7. 交易查询

操作员登录自动检票机后，可以逐条查询自动检票机最近的交易信息（可查询记录条数由系统参数设定），以确认是否存在票卡处理错误或失败的情况及其原因。

8. 服务模式设置

操作员登录自动检票机后，可以设置自动检票机当前的运行模式。运行模式设置成功后，自动检票机依据操作员指定的服务模式运行并将模式变更通报车站计算机系统。自动检票机可设置为正常服务模式、暂停服务模式、延长运营模式、通道模式、扇门工作模式。仅当自动检票机脱机时，才允许操作员对服务模式进行设置。

9. 检票进站

乘客检票进站时，若乘客车票检查有效，则自动检票机会在车票内写入相关进站信息，然后对写入的数据进行校验，做允许通行处理。若车票检查无效，则自动检票机不会在车票写入任何信息，并做禁止通行处理。

10. 检票出站

乘客检票出站时，若乘客车票检查有效，则自动检票机会在车票内写入相关出站信息，并对写入的数据进行校验，做允许通行处理。若车票检查无效，则自动检票机不会在车票写入任何信息，并做禁止通行处理。当无须回收的有效车票在通过出站自动检票机或双向自动检票机出站时，自动检票机会扣除相应的资费或乘次，并将车票的余额或乘次信息在乘客显示器上显示，如车票无效则提示乘客到票务处进行相关处理。对于需要回收的有效车票，在通过出站自动检票机或双向自动检票机出站时回收，如果车票无效，则应将车票传送到退票口并停留在退票口处，退还给乘客，同时发出声光提示乘客将车票取走。

11. 乘客通行控制

自动检票机成功读取乘客票卡后，在乘客通行过程中自动检票机还需要对显示屏、警报提示灯、通行指示器等部件进行控制。下面对自动检票机处理乘客各种通行的情况进行说明。

1) 允许乘客进站

根据有效票的提示允许 1 名乘客通行。当 2 张以上的票同时放入读写区时，应能检测到 2 张以上的车票，并对这些车票都不进行处理。判定为有效票时，打开门允许乘客通行。在乘客通过自动检票机门的位置后，关闭门。门的状态为常开时，维持开门的状态。判定为有效票时，显示向导画面，并在乘客通过自动检票机的通道后，切换画面。

2) 允许乘客出站

根据有效票的提示允许 1 名乘客通行。当 2 张以上的票同时放入到读写区时，应能检测到 2 张以上的车票，并对这些车票都不进行处理。判定为有效票时，打开车票回收部的舌档和自动门，允许乘客通行。在乘客通过自动检票机门的位置后，关闭门。门的状态设定为常开时，维持打开门的状态。判定为有效票时，显示向导画面，并在乘客通过自动检票机的通道后，切换画面。

3) 连续处理乘客票

对有效乘客同一方向的通行可以连续处理。按已连续处理的乘客票，允许相应数量的乘客通行。

4) 禁止持发生无效操作车票的乘客通行

禁止持无效车票和无票乘客通行，禁止车票处理过程中无票乘客通行（紧随有效乘客的无票乘客通行，与有效乘客逆向的无票乘客通行）。禁止持过期票、余额不足票的乘客通行。禁止持同一张票的乘客连续进站、出站。禁止超时逗留的乘客通行。禁止持黑名单车票的乘客通行。当发生卡读取错误，或写入错误时，禁止通行。判定为无效操作时，关闭门，禁止乘客通行。乘客从自动检票机的通道中退出时，打开门。门的状态设定为常关时，维持关闭门的状态。判定为无效票时，显示禁止进入的向导画面，乘客从自动检票机的通道退出以后，切换画面。

5) 向乘客显示操作向导画面

显示自动检票机的操作状态（服务中或暂停服务），将车票的判定结果作为向导画面进行显示。

6) 将乘客的操作通知给站员

乘客使用无效票或特殊票时，通过灯光和警报通知给站员。乘客强行打开门的时候，通过警报通知给站员。

7) 只受理储值票

票箱满或废票箱满不能再回收车票时，出站自动检票机只受理储值票，如果是持单程票，则不允许该乘客通过。

12. 检查参数版本

操作员登录自动检票机后，可以查看自动检票机当前下载和使用的各类参数（含票价表等关键参数）版本信息，以确认自动检票机使用了正确的参数进行工作。如参数版本有误，由维修人员进行后续处理。

13. 检查软件版本

操作员登录自动检票机后，可以查看自动检票机当前下载和使用的各类软件版本信息，以确认自动检票机使用了正确的软件进行工作。如软件版本有误，由维修人员进行后续处理。

14. 紧急按钮控制

自动检票机连接紧急按钮，当紧急按钮启动或解除紧急模式时，自动检票机立即响应该指令，进入或退出紧急模式。当发生紧急情况时，线路中心、车站值班人员可通过操作计算机终端或按下紧急按钮控制所有自动检票机打开，保证乘客无阻碍地离开付费区。同时，在没有电力供应或突然中断电力供应的情况下，闸门的扇门将回缩并处于常开状态，以保证乘客无障碍进出。

15. 设备设置

操作员登录自动检票机后，可对自动检票机的基本设置信息进行修改。自动检票机可修改的内容有设备 ID、设备所在线路及车站、本机的国际互连协议（Internet Protocol，IP）地址等网络设置、车站计算机系统的 IP 地址、网络时间协议（Network Time Protocol，NTP）服务器 IP 地址等。

16. 测试/检测模式

对自动检票机的各个模块和部件进行测试，检查其运行情况。自动检票机可以进行检测的内容有网络连接状态检测、扇门动作检测、通行传感器检测、读写器检测、乘客显示器、通行指示器等部件的检测、声音、报警蜂鸣器检测、票卡回收机构检测等。

17. 数据导入导出

操作员登录自动检票机后，使用外部存储设备在自动检票机上导入软件、参数、交易数据等，同时也可以导出未上传的交易数据、设备的运行日志等。

知识单元五　自助票务处理机

一、自助票务处理机简介

自助票务处理机（Self-service Ticketing Machine，STM），设置在车站付费区或非付费区，安装在地铁站厅付费区和非付费区，是一款由乘客自助操作，实现非现金票务、查询等服务的多功能、高可靠设备。可以通过权限控制实现乘客模式和操作员模式，可实现车票分析、充值、更新、查询、非现金票务、补票等功能。

自助票务处理机可实现 BOM 的全部功能，所具备的功能可通过参数设置允许使用或禁止使用，功能至少包括：车票分析；车票发售、赋值；车票加值；车票更新；车票替换；车票退款；交易查询；票务、行政处理；现金、收益管理；押金管理等。

在乘客操作模式下，可实现发售二维码出站票功能。

二、设备结构

STM 主要由主控单元、触摸乘客显示器、车票读写器及天线、二维码模块、音视频对讲模块、热敏凭条打印机、电源管理模块及机壳等部件组成。

STM 外观和内部结构如图 4-3-51、图 4-3-52 所示。

项目四
自动售检票系统车站级设备

图 4-3-51　STM 外观示意图

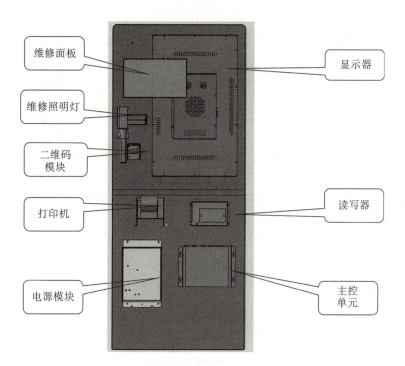

图 4-3-52　STM 内部结构示意图

· 155 ·

STM 各模块介绍如下。

1. 主控单元模块

STM 主控单元(图 4-3-53)是一款多串口、多显示、低功耗无风扇嵌入式整机,结构紧凑,布局合理,输入/输出(Inpat/Output,I/O)和扩展接口丰富,在整个系统起到至关重要的核心作用,控制着 STM 内部所有通信模块。

图 4-3-53　主控单元模块外观图

2. 触摸显示屏

乘客显示器采用一体化触摸屏,触摸屏覆盖于乘客显示器上,与乘客显示器一起实现乘客的票务操作功能。触摸屏采用工业级产品,具有耐用、防冲击、防腐蚀、防水、抗光干扰、可靠性高及适应极端气候条件等特性。触摸屏尺寸与乘客显示器尺寸相对应,成套一体化组装。触摸显示屏外观示意图如图 4-3-54 所示。

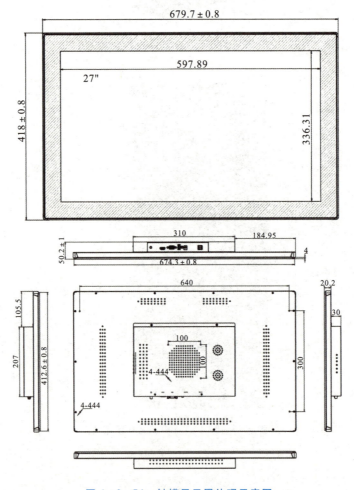

图 4-3-54　触摸显示屏外观示意图

3. 读写器

轨道交通 AFC 系统读写器是采用射频识别技术对非接触式 IC 卡进行读写的终端设备，是自动售检票系统的重要部件之一，配置于 AFC 系统的自动检票机、自动售票机、半自动售票机、自动验票机等车站设备中。读写器外观如图 4-3-55 所示。

图 4-3-55　读写器外观示意图

4. 电源模块

电源模块(图 4-3-56)负责向 STM 各个用电部件提供电源。STM 整机机壳与 STM 供电电源机壳通过保护地线相连，保证 STM 电源机壳与整机机壳零电势，保护乘客安全。

图 4-3-56　电源模块外观图

5. 二维码扫描器

二维码扫描器(图 4-3-57)是设备的关键器件，用来采集读取手机端生成的二维码，并传输后台进行解析，完成票务处理操作。

图 4-3-57 二维码扫描器外观图

6. 单据打印机

单据打印机(图 4-3-58)采用热敏打印方式，为乘客打印充值单据等信息。打印速度快，最大打印速度可达 220 mm/s，且清晰和高效。

图 4-3-58 单据打印机外观图

三、系统结构

STM 通过主控单元驱动各功能模块，以实现相关的业务功能。STM 逻辑架构如图 4-3-59 所示。

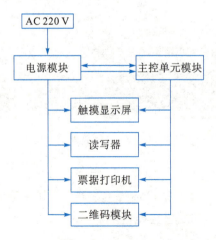

图 4-3-59 STM 逻辑架构示意图

四、功能说明

STM 的功能包括：面向乘客功能、面向运营功能、面向维护功能和系统功能。

面向乘客功能：售票、充值、补票、替换、激活、查询、故障退款等。

面向运营功能：销售信息查询、操作员结算、打印水单、STM 登录、STM 登出、系统状态查询等。

面向维护功能：参数设置、时钟修改、设备部件更换登记、查看运转数据、软件导入、参数导入、数据导出等。

系统功能：时钟同步、数据保存与上传、参数管理、软件版本管理、状态上报。

当 STM 与 SC 网络中断时，STM 可脱机独立运行，具有离线工作及数据保存能力。当网络连接恢复时，STM 能将保存的交易数据及时上传给 SC。

STM 通过 NTP 协议与 SC 进行时钟同步。当时钟差异大于故障值时，STM 将转入暂停服务模式，可在 STM 上进行手工强制时钟同步。

任务四　车站计算机系统

知识单元一　车站计算机系统构成

车站计算机系统

一、车站计算机系统介绍

车站计算机系统的主要设备包括车站服务器(图4-4-1)、车站监控工作站(图4-4-2)、票务工作站和打印机等。

其中车站服务器安装在AFC设备室的AFC机柜内,由车站管理人员及系统维修人员操作使用。

图4-4-1　车站服务器　　　　　　　图4-4-2　车站监控工作站

车站计算机系统主要具备以下功能：设备状态监视、设备控制、客流监控、系统模式控制、紧急按钮控制、系统参数同步、系统软件同步、系统时钟同步、车站收益管理、设备维护管理、报表管理、系统权限管理、配电系统管理等。

1. **系统架构**

车站计算机(Station Computer，SC)系统的物理架构如图4-4-3所示。

2. **逻辑架构**

SC系统的逻辑架构如图4-4-4所示。

SC建立在一个成熟的、结构化的AFC系统通用架构模型之上,来实现SC系统的功能,保障SC系统安全、稳定的运行,提高系统适应能力及扩展能力,方便使用及管理。其中包括硬件、操作系统、存储系统、数据库管理系统、通信模块、传输服务层、核心业务层。

主机/网络系统、操作系统、存储系统、数据管理系统整体为处理核心业务提供基础和保证,系统接入及传输服务保证了各系统之间的数据交换,是核心业务层及其他扩展业务层进行处理的基础。

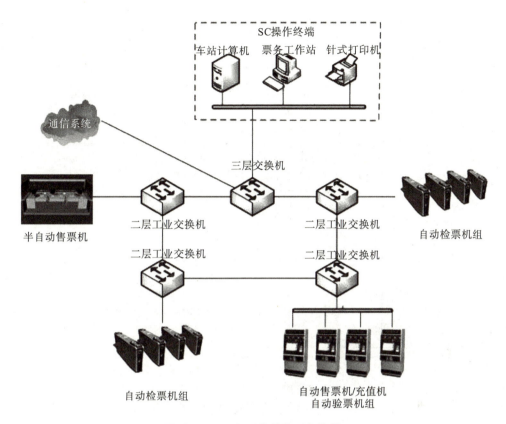

图 4-4-3　SC 系统的物理架构图

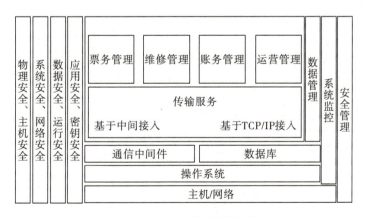

图 4-4-4　SC 系统的逻辑架构图

传输服务层能在线路不通时，采用离线介质传输。

核心业务层以支持业务层的数据交换为基础，是系统功能实现的关键。该层实现了系统的主要功能，是网络化运营的基本要求；同时为其他扩展业务层提供了准备。

3. 数据工作流

(1) SC 数据工作流(图 4-4-5)。

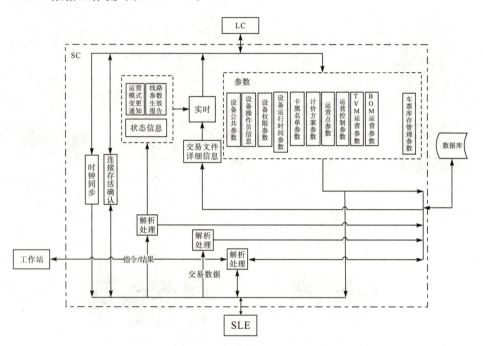

图 4-4-5　SC 数据工作流示意图

(2) SC 工作站数据流(图 4-4-6)。

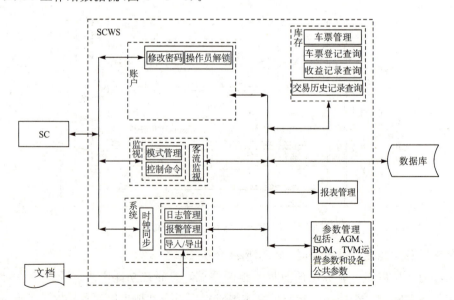

图 4-4-6　SC 工作站数据流

二、车站计算机系统功能

车站计算机系统功能可分为车站计算机服务器、票务管理工作站、车站监控工作站等功能。

1. 车站计算机服务器的功能

1) 运营管理

(1) 开始营业。

(2) 结束营业。

(3) 运营日切换流程。

(4) 与 LC 服务器通信连接流程。

(5) 与 SLE 通信连接流程。

(6) 交易、业务数据采集上传。

(7) 交易、业务数据传输审计与重传。

2) 权限管理

(1) 操作员登录身份验证。

(2) 操作员账户锁定。

(3) 操作员账户解锁。

(4) 密码修改。

(5) 无操作超时自动退出登录。

3) 模式管理

(1) 紧急按钮设定,解除紧急放行车站运营模式。

(2) 工作站设置车站运营模式。

4) 参数管理

(1) 参数版本检查与同步。

(2) 参数版本切换。

5) 软件管理

(1) 设备软件管理。

(2) 工作站软件管理。

6) 系统维护

(1) 时钟管理。

(2) 任务通知管理。

(3) 日志管理。

2. 票务管理工作站功能

(1) 当半自动售票机操作员交班结束后,收集当班操作员售票数据。

城市轨道交通**自动售检票系统**

(2)运行开始前输入上传自动售票机中的备用金额。

(3)在运营过程中将当天的钱箱清点情况、备用金的增减情况、车站存备用金等数据输入上传。

(4)在运营结束后能够查询当天的现金管理报表，并可查询规定时间内（参数控制）的报表。

3. 车站监控工作站功能

1) 运营管理

(1)开始营业流程。

(2)结束营业流程。

(3)车站终端设备结束营业。

(4)车站服务器结束营业。

2) 权限管理

(1)操作员账户解锁。

(2)密码修改。

(3)无操作超时自动退出登录。

3) 模式管理

降级运营模式包括列车故障模式、进站免检模式、出站免检模式、乘车时间免检模式、车票日期免检模式、车费免检模式。操作员根据运营实际情况选择下发相应的模式命令。

4) PCA 登记管理

5) 收益管理

(1)钱箱更换管理。

(2)TVM 钱箱清点与补充。

(3)BOM 备用金领取、归还登记。

(4)BOM 现金缴纳登记。

(5)现金核算数据查询。

6) 车票管理

(1)车票/票箱出入库管理。

(2)票箱车票补充。

(3)设备票箱更换。

(4)车票库存调整。

(5)车票库存报告与查询。

(6)车票信息查询。

7) 参数管理

8)报表管理

知识单元二 车站网络系统构成

一、车站级环网体系

车站级环网体系主要由路由器、三层交换机、二层交换机来连接工作站、服务器及终端设备,以实现车站内部局域网的构建,其环网体系如图4-4-7所示:

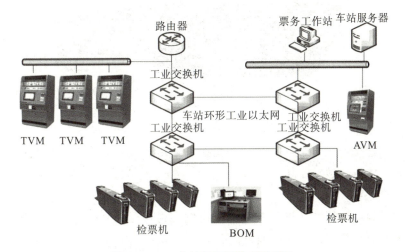

图4-4-7 车站级环网体系示意图

二、网络设备

网络设备包括网络通信设备(二层、三层光纤交换机)和网络安全设备(防火墙、入侵检测)两大类。AFC机柜网络设备如图4-4-8所示。

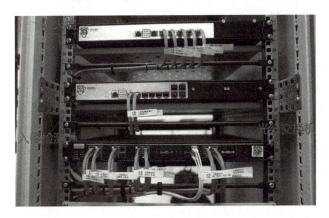

图4-4-8 AFC机柜网络设备

1. 网络光纤交换机

光纤交换机是一种高速的网络传输中继设备，采用了光纤电缆作为传输介质。光纤传输的优点是速度快、抗干扰能力强。它的特点就是采用传输速率较高的光纤通道与服务器网络或者存储区域网络（Storage Area Network，SAN）内部组件连接，这样，整个存储网络就具有非常宽的带宽，为高性能的数据存储提供了保障，图4-4-9所示为光纤交换机示意图。

图4-4-9 光纤交换机

1）三层交换机

车站级三层交换机与车站终端设备交换机采用环形工业以太网相连接，负责与线路数据汇聚节点进行数据交换。

2）二层交换机

车站终端设备二层交换机与车站级交换机采用环形工业以太网相连接，负责车站终端设备和车站计算机系统之间的数据交换。

2. 防火墙系统

防火墙指的是硬件防火墙，与操作系统自带的软件防火墙相比，硬件防火墙是指把防火墙程序做到芯片里面，由硬件执行这些功能，能减少CPU的负担，使路由稳定。

主要的防火墙有包过滤防火墙、应用网关防火墙、状态检测防火墙和复合型防火墙四种。

硬件防火端是保障内部网络安全的一道重要屏障，它的安全和稳定，直接关系到整个内部网络的安全。例行检查的任务就是要发现安全隐患，并尽可能将问题定位，最终解决问题。日常例行的检查对于保证硬件防火墙的安全是非常重要的。

软件防火墙一般采用包过滤机制。包过滤规则简单，只能检查到第三层网络层，只对源或目的IP做检查，因此软件防火墙的能力远不及状态检测防火墙，连最基本的黑客攻击手法IP伪装都无法解决。硬件防火墙主要采用第四代状态检测机制，其防黑客攻击的功能比包过滤机制有所提高。状态检测防火墙跟踪的不仅是包中包含的信息，也跟踪包的状态。为了跟踪包的状态，状态检测防火墙还记录有用的信息以帮助识别包，例如已有的网络连接，数据的传出请求等。

3. 入侵检测系统

入侵检测系统（Intrusion Detection System，IDS）是一种对网络传输进行即时监视，在发现可疑传输时发出警报或者采取主动反应措施的网络安全设备。与其他网络安全设备的不同之处在于，IDS 是一种积极主动的安全防护技术。对各种事件进行分析，从中发现违反安全策略的行为是入侵检测系统的核心功能。从技术上，入侵检测分为两类：一种基于标志（signature-based），另一种基于异常情况（anomaly-based）。入侵检测装置如图 4-4-10 所示。

图 4-4-10 入侵检测装置图

（1）对于基于标志的检测技术来说，首先要定义违背安全策略的事件的特征，如网络数据包的某些头信息。检测主要判别这类特征是否在所收集到的数据中出现。

（2）而基于异常情况的检测技术则是先定义一组系统"正常"情况的数值，如 CPU 利用率、内存利用率、文件校验和等，然后将系统运行时的数值与所定义的"正常"情况比较，得出是否有被攻击的迹象。这种检测方式的核心在于如何定义所谓的"正常"情况。

两种检测技术的方法、结论有非常大的差异。基于标志的检测技术的核心是维护一个知识库，对于已知的攻击，它可以详细、准确地报告出攻击类型，但是对未知攻击却效果有限，而且知识库必须不断更新。基于异常情况的检测技术则无法准确判别出攻击的手法，但它可以（至少在理论上可以）判别更广泛甚至未发觉的攻击。

项目五
自动售检票线网系统

项目概述

城市轨道交通自动售检票线网系统包括：ACC清分系统、LC/MLC线路计算机系统、ANCC系统和智能乘车平台ITP系统。通过本项目的学习了解和掌握城市轨道交通自动售检票线网系统的基础知识。

本项目学习内容主要涵盖ACC清分系统、LC/MLC线路计算机系统、ANCC系统和智能乘车平台ITP系统的基本结构、功能和工作原理。

学习目标

1. 知识目标

(1)掌握城市轨道交通自动售检票线网系统的系统架构，功能和工作原理。

(2)了解不同系统之间的区别和联系。

(3)熟悉各类系统的软件和硬件设备。

(4)掌握基础的计算机技术和网络技术知识。

2. 能力目标

(1)理解各系统的基本架构、系统功能。

(2)了解各系统间如何实现协调和票务管理。

3. 素质目标

(1)培养创新思维。

(2)锻炼以发展的眼光解决问题的能力。

城市轨道交通**自动售检票系统**

 知识体系

自动售检票线网系统
- 自动售检票清分系统
- 自动售检票线路计算机系统
- ANCC系统
- 智能乘车平台

自动售检票系统网络架构

 思政课堂

匠心铸魂造精工利器

他，是"全国五一劳动奖章"获得者，是中国兵器首席技师，享受国务院政府特殊津贴。他就是河南平原光电有限公司数控加工中心高级技师——梁兵。

20世纪60年代，梁兵的母亲就在厂里上班，是一名普通的铣工。也许从小就受到母亲的熏陶，梁兵对这个行业充满向往。加上肯钻研的韧劲，1993年，梁兵以平光技校班级第一名的成绩来到了梦寐以求的平原光电。

起初因为英语基础薄弱，他连进口机床的操作按钮都看不懂。于是他每天随身揣着英汉词典，从最基础的操作按钮开始，逐步向英文说明书和编程语言学习。上班没有时间，那就利用下班等业余时间抓紧学习，同时向前任操作师傅虚心请教……功夫不负有心人，很快他就能独立操作了。

梁兵尝到了提升知识技能的甜头，也体会到了知识的重要性。从1996年起他一边工作，一边先后参加了大专和本科函授班，并取得优异成绩。

梁兵所从事的职业对精度要求极高，在复杂零件、上百个尺寸中，他的误差可控制在头发丝的1/15。想要做到这个程度，即便掌握了先进的数控技术，仍需要人工干预把控完成。

据不完全统计，经过梁兵加工的零件已达到上千种，在精度只有0.001 mm时，合格率仍达到了100%，被大家称为"免检产品"，这为公司科研新品的研制和产品的履约提供了有力保障。

"一枝独秀不是春，百花齐放春满园"。梁兵技能大师工作室成立以来，他不断在人才培养、带技能队伍上下功夫，倾尽全力组织开展以数控设备高速加工、软件编程、异形零件难关突破等为主要内容的大师讲堂活动。

为了做好传帮带，他自修计算机专业，运用多媒体教学方式、图文并茂、毫无保留地向每一名成员传授知识。梁兵技能大师工作室成立以来，相继涌现出全国技术能手、河南省劳动模范等。

面对外界各类高薪聘请，他断然拒绝。面对每项技术"瓶颈"，他敢于亮剑。专心、专注、专业的工匠精神感召着团队，实干忠诚和敢啃"硬骨头"的闯劲带动着平光人。"严实细恒、追求创新"的工匠精神在这里不断传递。

任务一　自动售检票清分系统

城市轨道交通自动售检票清分系统（Auto Fare Collection Clearing Center，ACC）是轨道交通 AFC 系统控制管理中心，负责轨道交通路网内各运营商的统一协调以及系统的安全管理。ACC 主要负责轨道交通各线一票通、"一卡通"及其他运营管理、票务管理、轨道交通与"一卡通"系统的清算、对账及与各线路间的清分，以及对外的信息服务，实现轨道交通各线路 LC 有效接入 ACC。在正常运营情况下，ACC 对各线路运营起监控作用，并提供协调功能和票务服务；在降级情况或紧急情况下，ACC 负责协调各线路的运营。

城市轨道交通线网往往由多条线路组成，其运营管理可能由不同的运营公司承担。轨道交通各线之间的无障碍换乘和城市一卡通在轨道交通内部的使用，使得各运营线路之间、各运营公司之间、运营公司和公交公司之间以及轨道交通与外部系统（城市通卡及银联等）之间都存在着收益清分的需求，以及在轨道交通线网内统一票务管理的需求。因此，在一个城市的轨道交通线网规划、建设的同时，必须相应地建立城市轨道交通 AFC 票务清分系统。

知识单元一　ACC 系统概况

轨道交通自动售检票清分系统是以从轨道交通自动售检票系统分离出来的清分中心系统为主体，包括车站管理系统和线路中心管理系统在内的位于轨道交通自动售检票系统之上的综合信息管理系统。该系统负责制定城市轨道交通全路网的运营规则和参数，采集各类信息，实施票务管理，并根据预定的清分规则进行数据清分服务，同时为各线路提供封装了自动检票、售票业务规则的嵌入式业务处理单元，实现了城市轨道交通的联网联乘、清分清算。

郑州市轨道交通清分中心系统与轨道交通 1 号线一期自动售检票系统已同步实施，已于 2013 年投入运营。郑州市轨道交通 AFC 系统联网收费清分中心系统（ACC 系统），负责轨道交通与"城市一卡通"间的清分对账；负责轨道交通内部各换乘线路间的清分对账，ACC 系统设置异地数据级后备中心（目前仅为预留设计）。ACC 系统建设按初近期、远期分步实施：初期建成时能满足轨道交通 1 号线、2 号线、4 号线及 5 号线的联网运营，同时能实现与"城市一卡通"间的清分对账；远期建成时能满足郑州轨道交通远期规划的所有线路的接入，满足网络化"一票通"的运营需求，同时能实现与"城市一卡通"间的清分对账。郑州市轨道交通 ACC 系统正式投入使用后，在实现郑州轨道交通网络化运营方面发挥着重大的作用。

清分中心系统建成后往往作为整个城市轨道交通线网的发卡中心、清分中心、数据中心和 AFC 运营管理中心。ACC 总体逻辑如图 5-1-1 所示。

城市轨道交通**自动售检票系统**

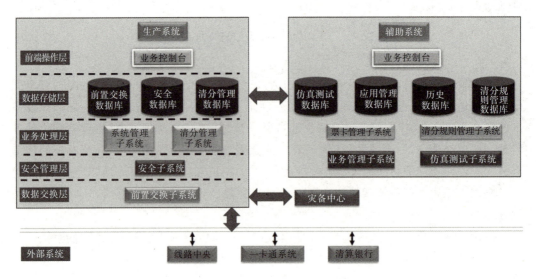

图 5-1-1 ACC 总体逻辑图

知识单元二　ACC 基本功能

ACC 作为轨道交通网络化运营的数据中心管理部门，为确保网络化运营过程中清算的准确性、票卡资源流通的合理性和资源利用的有效性将成为全网络票价的制定及发布中心、运费清算中心、车票调配策略实施的管理中心、网络化运营所的统一的管理中心。同时，在异常情况下（如地震、火灾等），ACC 主中心不能正式投入运营时，通过异地系统级备份中心能确保整个轨道交通清分系统的正常运转。

ACC 在运营过程中，其基本职能应包括：监督、清分、协调、管理、分析决策等五个方面，其中清分、协调、管理为主要职能，ACC 系统的核心业务功能如图 5-1-2 所示。

ACC 制定 AFC 系统运营的各项规则，包括：车票、票价、清算、对账业务规则、车票使用管理及调配流程、运营模式控制管理流程、运营参数、安全管理的流程与授权、终端设备统一乘客服务界面、系统接口和编码规则等。ACC 统一发行轨道交通车票，并进行车票的动态调配和跟踪，实现轨道交通各线路统一的车票发行及车票管理。ACC 通过其全局票务与安全系统支撑各线路 AFC 系统运行，负责收集、统计、分析、查询运营数据，负责一卡通车票交易收益在轨道交通系统不同线路之间的清分，实现轨道交通系统与一卡通系统间的清算、对账。

ACC 下发各类参数和命令，确保整个 AFC 系统正常、安全运营。ACC 具备时钟同步功能，提供轨道交通 AFC 系统的时钟源。ACC 设有 ES 设备，ES 具有对车票的初始化、赋值、分拣、校验、注销等功能。ACC 统一管理 AFC 系统密钥，统一向一卡通公司发送一卡通票卡在轨道交通的使用记录，接收一卡通公司发送的一卡通清分对账记录。ACC 数据工作流如图 5-1-3 所示。

图 5-1-2 ACC 系统的核心业务功能

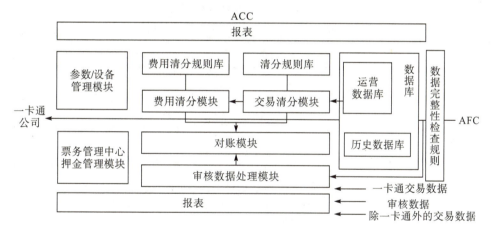

图 5-1-3 ACC 数据工作流

知识单元三 ACC 系统设备

ACC 主要硬件设备包括数据库服务器、SAN 磁盘阵列柜、E/S、UPS、报表服务器、交换机和存储设备等。ACC 主要硬件设备如图 5-1-4 所示。

城市轨道交通**自动售检票系统**

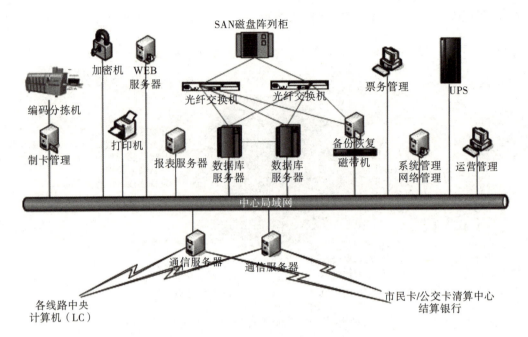

图 5-1-4 ACC 主要硬件设备示意图

任务二 自动售检票线路计算机系统

LC/MLC 是轨道交通 AFC 系统的线路管理中心,在轨道交通网络化运行下接受 ACC 系统指令,实现所管辖线路的运营管理并根据协议上传数据;可通过与 ACC 对账,实现对所管辖线路票务及设备的管理。当通信故障等必须由线路独立运行时,可独立管理所监控线路的系统运行。

知识单元一 线路中心计算机系统概述

线路中心计算机(Line Computer Management Center,LC)系统,是 AFC 系统运营管理的核心,为系统正常运行起着极其重要的作用。

LC 系统对上负责接收 ACC 下发的参数数据、对账统计数据、黑名单数据、车票票价数据以及运行模式数据等,并将本线路各车站终端设备产生的交易数据、模式数据、对账的统计数据等上传至 ACC,同时负责与 ACC 进行清算对账。

LC 系统对下负责收集各车站终端设备上传的交易数据、运行数据、模式状态数据以及各 SC 日结的统计数据等,并将 ACC 下发的参数数据、模式数据、黑名单数据以及线路的参数数据等下发至各 SC 和终端设备。LC 系统的框架如图 5-2-1 所示。

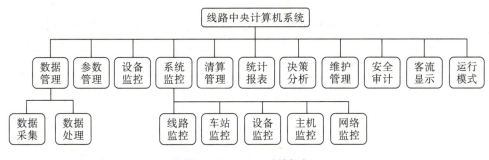

图 5-2-1 LC 系统框架

线路中心计算机系统接收清分中心系统下达的参数及指令,能独立实现所辖线路 AFC 系统的运营管理、票务管理及设备管理。线路中心计算机系统完成与清分中心系统清算对账和线路的收益管理。线路中心计算机系统接收清分中心系统下载的车票种类、票价表、车费表、运营模式等参数,并通过 SC 下载到终端设备。接收来自清分中心系统的统一时钟信号并完成本线路的时钟同步,接收、上传、下载车票"黑名单"等。线路中心计算机系统实现所辖线路内安全访问控制,包括线路内权限管理、数据审核、数据备份及恢复、路内设备入网注册、系统间安全访问控制等。LC 的逻辑架构图如图 5-2-2 所示。

多线共用线路中心(Multiple LC,MLC)系统,包含 MLC 主中心系统、接入测试系统、互联互通测试系统、MLC 副中心系统等,实现多条线路的运营、票务、收益、维修等的集中管理功能。

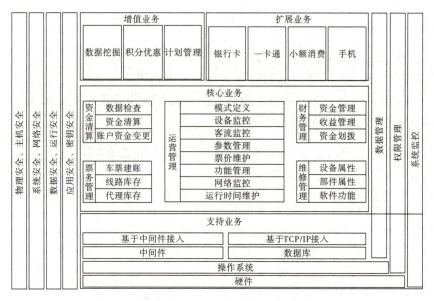

图 5-2-2　LC 的逻辑架构

知识单元二　LC/MLC 系统架构

中心计算机系统由中央主数据库服务器、数据交换服务器、前置通信服务器、历史数据比较服务器、网管服务器、文档服务器、票务管理服务器、网络设备、存储设备、各功能工作站(包括系统维护、数据开发、财务、统计计划、票务、财务审计、设备维护、报表等)、高速打印机设备等组成。LC 系统物理结构如图 5-2-3 所示。

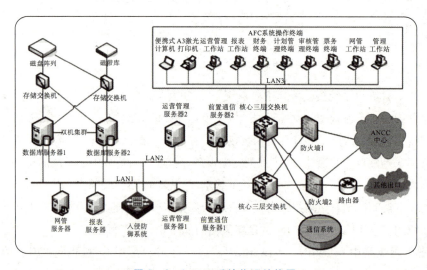

图 5-2-3　LC 系统物理结构图

知识单元三　LC(MLC)系统功能

LC系统功能职责包括运营管理、权限管理、模式管理、收益管理、票务管理、参数管理、软件管理、报表管理与决策支持、系统维护管理、PCA注册管理。

LC收集、处理系统内各类数据，制定、维护系统各类参数，接收/下达系统各类命令，同时应为系统提供高度的安全机制和严格的操作规程；并通过ACC实现本线路与轨道交通网络其他线路之间的结算和对账。

LC以主应用(数据库服务器)为中心，通过其他服务器、操作工作站等开展各种业务。根据系统业务和操作人员的权限，设定不同的子业务系统和功能模块，确保系统的安全性及操作的严密性。

在线路的运营业务中，LC与各站的SC进行通信，接收各车站产生的全部交易数据和运营、收益的数据。通过LC将这些数据汇总，可以把握线路的利用状况和收入状况。LC接受ACC系统参数及指令，实现所监控线路AFC系统的运营管理，根据协议上传相关数据，并与ACC进行对账。LC数据工作流如图5-2-4所示。LC工作站数据流向如图5-2-5所示。

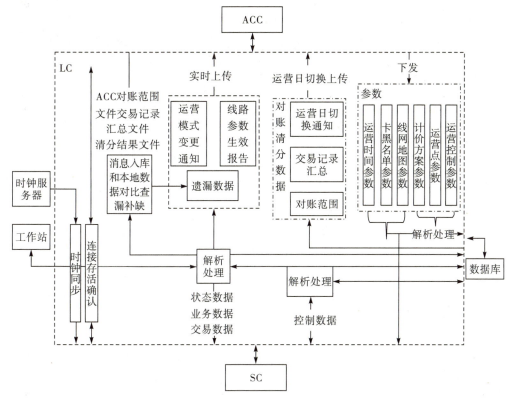

图5-2-4　LC数据工作流

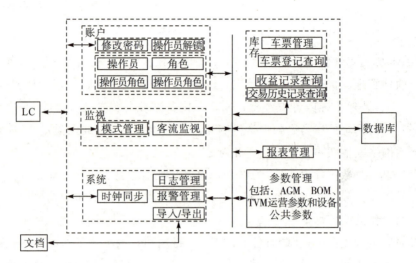

图 5-2-5 LC 工作站数据流向图

任务三　ANCC 系统

传统五层架构自 2007 年应用至今，逐步呈现出层级过多、交互频繁、层级间差异较大、资源利用率低等问题，制约了 AFC 系统的线网级发展进程。随着云平台、大数据、一体化机房等技术的发展，AFC 系统由五层架构向四层架构的转变已具备充分的技术条件。以此为基础，郑州地铁 ANCC 系统采用云平台架构，实现四层架构的集中式管理，除车站级日常运营服务以外，各线路级系统功能全部上移至线网级实现，取消传统架构中的第四层。此外，考虑终端配置的灵活性，ANCC 系统采用对终端工作站要求低，兼容性、扩展性强的浏览器/服务器模式，有效满足多层级用户的使用需求。

知识单元一　ANCC 系统概述

自动售检票线网管理中心系统（AFC Network Control Center，ANCC），包含 ACC 清分中心系统及 MLC 多线共用线路中心系统。ANCC 是郑州市轨道交通 AFC 系统网络化运营的管理与服务机构，是连接轨道交通各线路的纽带，是实现郑州市轨道交通联网收费的核心系统。

ANCC 系统采用云架构体系，包含 ANCC 主中心、ANCC 副中心和 ANCC 线网测试系统，云管理平台提供的功能贯穿云的整个生命周期，并适用于可能提供的所有服务类型。在运营期间，可进行连续监视、管理和优化。

郑州市轨道交通自动售检票线网管理中心系统，作为郑州市轨道交通全线网 AFC 系统协调及对外票务信息服务和管理的主要窗口，代表所有轨道交通线路负责向其他部门和单位进行票务事宜的联系和协调工作。ANCC 将为各线路统一制定、发行和管理轨道交通联网专用车票（一票通车票）。并负责对各联网线路一票通收益作清算、对账、系统安全定义及有关数据处理等。在正常运营情况下，ANCC 对各线路运营起监察作用，并提供协调功能、票务管理、交易清分及交易对账等服务。在紧急情况下，ANCC 负责协调各线路的联网运营，负责不同运营主体间账务清算、票务发行，并与"一卡通"系统进行清分结算和协调等工作。

ANCC 系统上线实施标志着郑州地铁售检票系统从传统五层架构顺利过渡至四层架构，系统架构转变带来的不仅仅是系统功能的优化，更是既有业务运作模式和运维管理的变革。云平台、一体化机房、大数据分析等技术的应用为 ANCC 系统四层架构的实现带来机遇，运维人员不仅要及时了解技术发展趋势，更要及时转变业务管理模式，充分发挥新技术、新体系的优势。

城市轨道交通**自动售检票系统**

知识单元二　ANCC 系统架构

郑州市轨道交通 ANCC 的建设采用了基于云架构体系的 ACC 系统和 MLC 系统全融合方案，并在郑东和郑西设置主副中心系统，ANCC 融合架构图如图 5-3-1 所示。

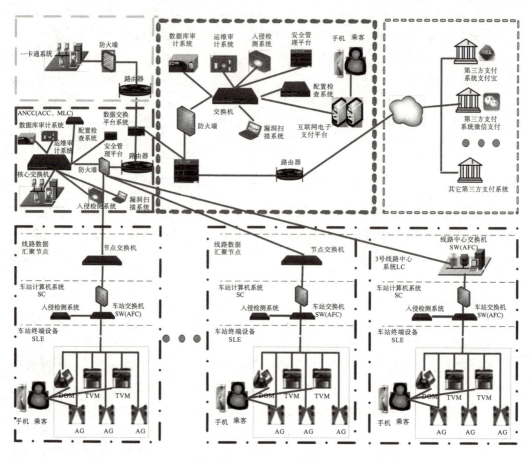

图 5-3-1　ANCC 系统架构

知识单元三　ANCC 系统功能

ANCC 系统融合了传统 MLC 功能、ACC 功能，对数据库、后台应用、前台应用、报表等方面进行深度优化。ANCC 系统对交易数据、参数数据只做一次处理，既避免了系统之间数据不一致的问题，也省略了数据的重复处理和保存过程，直接提高了系统的处理效率，大大节省了系统资源。

ACC 与 MLC 融合为一层，ANCC 系统对账流程和处理规则统一，无须内部审计，数据流一体化，保证了交易数据的完整性，有效减轻运营服务压力。ANCC 系统权限统一规划，所有的功能操作和界面展示均可统一配置管理，根据业务分工划分功能区，

MLC 功能和 ACC 功能单独提供服务。这实现了根据操作员角色动态加载分管功能。ANCC 系统根据不同运营主体的业务管理需要，允许车站直接接入，也能按传统方式接入整条线路。灵活的接入方式，既可满足 ANCC 对既有线路中心系统的兼容，也可根据线路设备生命周期，分批实现线路的标准化改造和接入。

ANCC 系统的常见功能：

1. 运营管理

运营管理主要包括售票限制和运行时间管理，工作人员均可通过该功能实现对所辖某车站设置停止售票，修改运行时间等相关操作。

2. 参数管理

ANCC 系统参数分为线网参数和设备参数两大类。授权的工作人员可以通过更改不同功能模块的参数来实现相应的管理，比如优惠卡的打折参数，车站之间的收费标准参数等。

3. 软件管理

车站不同的终端设备都有自己相对应的软件进行控制，软件管理就是对这些设备上的软件进行相对应的操作，比如新版本软件的下发，旧版本软件的作废等。

4. 票卡管理

票卡管理主要包括，中心票卡的库存管理、调配管理、票卡盘点等；车站管理中的票卡盘点；设备 SAM 卡台账；车票跟踪。

5. 票务管理

票务管理主要包括，BOM 审核、TVM 审核、票款管理、备用金管理等现金管理以及事务管理。

6. 清分清算

自动售检票线网管理中心按照一定的清分规则，将合法交易数据对应的资金进行清分，并将清分的结果详细列示出来。

七、集中监视

集中监视分为设备监视和客流监视两部分。其中设备监视包含车站监视、故障报警、系统监视，客流监视包含实时客流、客流报警、大屏展示。

八、报表管理

报表管理主要包括：客流报表、清分清算报表、票卡管理报表、票务管理报表、设备信息报表等。

九、权限管理

每个岗位的地铁工作人员在 ANCC 系统操作时所负责的模块是不同的，因此需要对不同的工作人员进行权限管理，防止在工作过程中出现错误的操作。

十、运维管理

运维管理功能是指在数据上传中对于有错传、漏传的信息等进行相应的管理，最终实现数据的一致性和准确性。

任务四　智能乘车平台

随着互联网技术的不断发展，特别是移动互联网技术的不断创新，人们越来越青睐快捷、实惠、方便的交通出行以及购票方式，如手机二维码过闸机、在线购票等。采用基于移动支付的过闸机方案后，可直接使用手机终端生成的二维码作为车票媒介通行，使支付手段多样化，大大减少现金及实体车票的使用。

为了实现公共交通出行智能化，让乘客更好地享受快捷、实惠、方便的互联网交通服务，轨道交通自动售检票系统开始向互联网融合阶段转变。在"互联网＋"的浪潮下，新一代移动支付技术在轨道交通领域得到迅猛发展，新的支付技术逐渐被引入传统的AFC系统，极大地促进了旧有运营模式的改变，各地陆续开展了移动支付平台、互联网平台的建设。

郑州市轨道交通智能乘车综合业务平台涉及的项目主要包括：互联网电子票务平台、手机客户端、ANCC电子票务系统、车站计算机电子票务系统、车站终端设备（包括自动售票机、自动检票机、半自动售票机等）电子票务系统。

知识单元一　系统总体架构

智能乘车综合业务平台（ITP）可分为互联网平台、App运营平台两大系统。

互联网平台提供扫码过闸、移动支付购票等基础的互联网业务支撑功能，部署在内网。互联网平台主要完成用户的注册、实名认证、发放电子卡；根据用户的二维码票卡交易数据进行统一的计费、扣款、统计、对账、结算等管理。此外互联网平台还支持通过移动App的支付功能来完成互联网购票（现场取票）、TVM移动支付、BOM移动支付等实体票业务。

App运营平台提供个人中心、行程查询、路线查询、资讯、商业运营等互联网增值业务功能，部署在外网。App运营平台包括手机App客户端和App后台两部分。App运营平台全业务部署交流程如图5-4-1所示。

城市轨道交通**自动售检票系统**

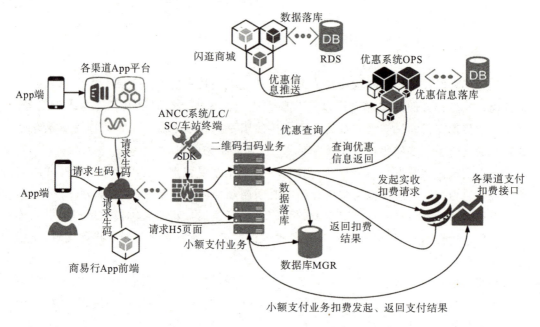

图 5-4-1　App 运营平台全业务部署流程图

知识单元二　ITP 基本功能

ITP 主要承载有二维码扫码过闸、刷脸过闸、移动支付业务、电子发票业务等功能。

一、扫码过闸

过去人们乘坐地铁要么购买储值卡，要么到车站用零钱买单程票。随着时代的进步，科技的发展以及互联网移动支付迅速普及，郑州地铁在 2017 年在行业内率先采用 1 号线一期 20 座车站 61 个通道实现"云闸机"手机扫码进出站服务，并在 2019 年 2 月 14 日全线网所有车站所有闸机全部开通手机扫码功能（图 5-4-2），真正实现了"一码在手，畅行郑州"。

图 5-4-2　扫码过闸示意图

二、刷脸过闸

随着科技的不断发展，人脸识别技术趋于成熟，人工智能已在多个行业应用，从单维的识别技术逐步迈向一体化服务的新阶段。比如在高铁站，可以通过刷脸进行身份核验。在自助售货机购买商品时，通过刷脸识别个人信息进行支付。地铁场景作为人脸支付应用重要场景，目前已在国内城市地铁进行研究及尝试。通过在地铁进站闸机上新增人脸识别设备，搭建无须停留直接经过即能完成刷脸开启闸机（图5-4-3）的支付场景，实现毫秒级过闸，兼具安全和便捷特性。刷脸过闸技术作为地铁自动售检票系统的创新应用，需要具备大容量的人脸库，精准的用户数据库，快速的人脸特征识别处理，高可靠性的运行。

图5-4-3 刷脸过闸示意图

三、小额支付

随着科学技术的发展和信息化技术的提高，二维码被广泛运用于支付领域，融入我们生活的各个场景中，并且已经拥有了大量的忠实用户，扫码支付也成为地铁支付领域一大发展方向。经过对自动、半自动售票机系统功能升级，使其不仅支持现金支付，还支持微信、支付宝扫码支付，在支付方式上跨进了一大步，地铁支付也进入了移动支付时代。

移动支付又称小额支付。小额支付分为TVM互联网购票和BOM电子支付。

TVM互联网购票是乘客在自动售票机（TVM）购买单程票时，可以通过手机扫描TVM上生成的二维码，并使用支付宝、微信等完成扫码付款，TVM设备根据订单信息发出票卡。目前支持支付的方式有微信、支付宝、云闪付。TVM互联网购票采用乘客"主扫"，即乘客使用手机设备对支付二维码进行扫描来完成移动支付交易的方式。

BOM电子支付是在BOM亭由客服中心人员操作，生成相应的订单信息；乘客出示手机付款码，客服中心操作人员使用BOM扫码设备，对乘客出示的付款码进行扫

城市轨道交通**自动售检票系统**

码，根据相应支付结果进行相关业务操作。目前支持支付的方式有微信、支付宝。BOM电子支付采用乘客"被扫"方式，即售票或充值过程中，扫描设备通过对乘客的付款码进行扫描来完成移动支付交易（图5-4-4）。

图5-4-4　BOM电子支付示意图

项目六
自动售检票系统常见故障案例

项目概述

城市轨道交通作为民生工程，是城市运行和发展的重要基础设施。为广大人民群众提供安全、可靠、便捷、舒适、经济的出行服务，始终是城市轨道交通运营管理工作的出发点和落脚点。本项目总结了城市轨道交通自动售检票系统的几种典型案例，通过对案例的学习与分析，掌握自动售检票系统相关故障的分析和处理方法，同时提高职业岗位责任心。

学习目标

1. 知识目标

(1) 掌握引起自动售检票系统故障的原因。

(2) 掌握自动售检票系统故障的基本类型和现象。

(3) 掌握自动售检票系统相关故障的分析和处理方法。

2. 能力目标

(1) 能够准确识别自动售检票系统的故障现象。

(2) 具备分析自动售检票系统故障的能力。

(3) 能够对自动售检票系统的故障进行处理和检修。

3. 素质目标

(1) 养成认真、细心和一丝不苟的做事精神。

(2) 通过故障案例学习，提高安全意识和工作责任心。

城市轨道交通**自动售检票系统**

 知识体系

自动售检票系统常见故障案例
- AFC故障概述
- 供电系统故障案例
- 紧急系统故障案例
- 终端设备故障案例一
- 终端设备故障案例二

 思政课堂

  国务院办公厅印发《关于保障城市轨道交通安全运行的意见》(以下简称《意见》),《意见》明确,要从六个方面保障城市轨道交通安全运行。一是构建综合治理体系。健全城市轨道交通安全运行的管理体制机制,明确交通运输、住建等有关部门以及各级人民政府、运营单位的安全运行职责,形成工作合力。根据实际需要及时制修订城市轨道交通法规规章和标准体系。二是有序统筹规划建设运营。将安全和服务要求贯穿于规划、建设、运营全过程,准确把握城市轨道交通发展规模和发展速度,合理确定制式和建设时序,量力而行、有序发展。三是加强运营安全管理。建立健全运营安全风险分级管控和隐患排查治理双重预防体系,建立城市轨道交通运营安全第三方评估制度。制定城市轨道交通关键设施设备运营准入技术条件,建立运行质量公开和追溯机制。完善列车驾驶员职业准入制度,建立从业人员服务质量不良记录名单制度。四是强化公共安全防范。运营单位要制定安全防范和消防安全管理制度,保障相关经费投入。鼓励推广应用智能、快速的安检新技术、新产品,逐步建立与城市轨道交通客流特点相适应的安检新模式。加强社会共建共治,构建多方参与的城市轨道交通公共安全协同防范体系。五是提升应急处置能力。城市轨道交通所在地城市及以上地方人民政府要将城市轨道交通纳入政府应急管理体系,建立突发事件应急处置机制,加强应急救援力量建设和应急培训。强化现场处置应对,建立有关各方协调联动、快速反应、科学处置的工作机制。六是完善保障措施。建立与运营安全和服务质量挂钩的财政补贴机制,科学确定财政补贴额度。支持对城市轨道交通设施用地的地上、地下空间实施土地综合开发,以综合开发收益支持运营和基础设施建设。

任务一　AFC 故障概述

AFC 系统设备直接面向乘客提供售检票服务，在城市轨道交通众多系统设备当中，它是重要的客运服务设备。虽然在设计、建设阶段，已经从系统架构、设备质量及数量上做了充分考虑来提高了系统的可靠性和稳定性，但是由于多种不确定因素，仍然存在同一时间大面积设备故障的风险。如果发生大面积设备故障，势必会对客运服务造成重大影响，因此 AFC 系统重大故障的应急处置管理是非常重要的。

每个车站的各类终端设备在数量上都做了冗余设计，设备与设备之间可以说是相互独立的，每台设备还具有"孤岛"运行能力（不包含储值卡的联网充值功能）及降级模式。每台设备硬件发生个性故障在所难免，但多台设备硬件同时发生共性故障的可能性很小。

导致 AFC 设备故障的原因，除了设备硬件因素，还有业务软件、各类运行参数等因素。为了满足运营需求，适应票务规则的调整带来的设备运行参数的调整，需要不断升级设备业务软件。软件缺陷和参数错误两者中的任何一种问题，都会造成大面积的设备共性故障。

故障较轻时，终端设备能够运行，但售检票的结果不正确。比如票价参数配置错误，可能会造成多收乘客车费，也可能会造成运营方票务收入的损失。故障严重时，可能导致车站所有 AFC 终端设备退出服务，车站客运服务不能正常进行，影响广大乘客的正常出行。

城市轨道交通**自动售检票系统**

任务二　供电系统故障案例

 情景引入

巡检人员在对自动售检票系统配电设备巡视检查时，发现位于弱电综合电源室的自动售检票系统配电柜空开接线端子有打火现象。

 学前思考

(1)造成线路或接线端子打火的可能原因有哪些？
(2)线路或接线端子打火可能造成哪些严重后果？

 学习目标

(1)学会分析造成电气线路故障的原因。
(2)能够快速制定处理故障的方案。
(3)学会严谨的工作态度和一丝不苟的岗位职责精神。

 知识模块

1. 故障排查

(1)认真排查线路打火情况，检查关联线路、元件和设备的工作状态，确认故障器件和区域的受损情况，初步制定故障处理方案。

(2)联系车站值班员，征得同意后，断开该车站 AFC 系统电源，避免该供电故障造成进一步的设备损失。

(3)联系其他相关专业，协商后，断开自动售检票系统供电系统双切箱 400 V 电源输出，断电后，仔细检查故障区域的具体情况。

2. 故障处理

(1)对故障配电箱所有接线端子进行细致排查，发现配电箱 400 V 输入线缆 A、B、C 三项端子未完全紧固，导致带载运行时打火。

(2)继续检查，发现相关空开和端子排均未紧固，部分线路过热有烧损情况，电流互感器和空开有损坏情况。

(3)对损坏设备进行逐一排查和更换，对同类设备和相关车站全部电气线路进行专项排查和整改。

· 190 ·

任务三　紧急系统故障案例

情景引入
某车站运营时段内，闸机扇门释放。

学前思考
(1)导致闸机扇门释放的主要原因可能有哪些？
(2)闸机扇门非正常释放后应该采取什么措施？

学习目标
(1)学会分析造成闸机释放的原因。
(2)能够快速对故障现象做出合理、稳妥的处置。
(3)要学会临危不乱的岗位素养。

知识模块

1. 故障排查

(1)检查释放的闸机是否通电，经检查该组闸机处于通电状态，但扇门处于释放状态，初步判断为紧急系统故障。

(2)将紧急控制盒自动模式转为手动模式，将紧急控制盒输出进行隔离，此时闸机复位。

(3)检查综合后备盘（Integrated Backup Panel，IBP）盘闸机紧急指示灯，指示灯亮。

2. 故障处理

(1)由于 IBP 盘闸机紧急指示灯亮，测试 FAS 与紧急控制盒接线端子，端子线未接通，说明 FAS 未触发紧急信号。

(2)进而检查 IBP 盘闸机紧急按钮与紧急控制盒的连接线端子，发现两个端子接通，说明紧急信号是由于 IBP 盘紧急按钮故障触发，检查 IBP 盘按钮或者接线，如发现短路或按钮故障，则排除短路或更换 IBP 紧急按钮即可。

任务四　终端设备故障案例一

情景引入

乘客在站厅非付费区 TVM 购买了单程票，在刷卡过闸的时候，闸机显示屏提示票卡不在有效期，扇门未打开。

学前思考

（1）造成票卡不识别无法过闸的原因有哪些？
（2）作为自动售检票系统维护工，接到故障第一时间应怎么做？

学习目标

能够快速定位单程票因刷卡失败导致扇门未打开的原因。

知识模块

知识单元一　对单程票信息分析

（1）通过客服中心 BOM 验证票卡信息，对票卡的逻辑卡号、有效期限、使用情况、是否赋值等信息进行验证。

（2）通过 LC 数据库查询该票卡发售信息（发售设备、发售时间、卡内金额等信息）与现场验证票卡信息进行核对。

（3）经确认，票卡为自动售检票运营日发售的票卡，且票卡有效期错误。

知识单元二　故障处理方法

（1）现场客服对手持无效票乘客，应依据票规进行处理，保证乘客正常进出站。

（2）按照"先通后复"原则，尝试先对 TVM 进行手动重启操作，重启后再次进行买票测试，检查所售票卡是否能正常刷卡进站。

（3）在乘客能正常购票后，提取设备日志，分析发售无效票卡的原因。

任务五　终端设备故障案例二

情景引入
自动售检票系统 LC 监控界面显示，某车站 UPS 监控离线、SC 服务器、三层交换机和终端设备通信中断。

学前思考
出现这个情况会造成哪些影响？

学习目标
能够第一时间发现并将初步判断原因报告至车站值守人员。

知识模块

知识单元一　售检票系统网络结构

售检票系统结构：第一层为 ANCC、线路中央计算机系统（LC），第二层为车站计算机系统（SC），第三层为车站终端设备，第四层为票卡。

售检票系统网络拓扑图如图 6-5-1 所示。

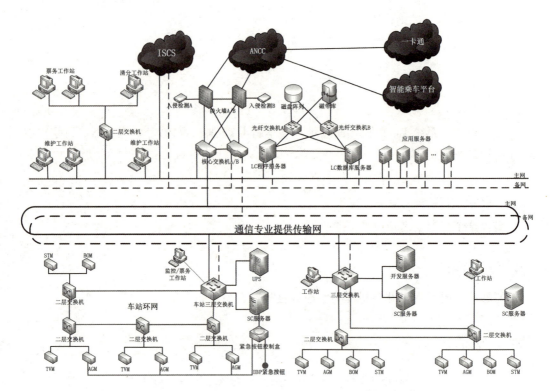

图 6-5-1 售检票系统网络拓扑图

知识单元二　故障处理方法(监控界面)

(1)通过 Xshell 查看 LC、SC、终端设备上下位连接情况,逐级排查网络连接及通信情况;同步联系现场值守人员查看现场设备(SC、三层交换机、终端设备)状态,以及现场乘客购票情况。

(2)通过 LC、SC 数据库查询车站交易上传情况,判断终端交易是否实时上传。

(3)现场处置:按照"先通后复"原则,对现场设备进行排查。如三层交换机切电后未启动,在经过技术岗同意后现场对三层交换机进行手动启动;三层交换机端口状态灯不亮等,查看三层交换机端口网线是否一致,如不一致将对应网线插入正确的端口,如一致对网线进行插拔或更换水晶头等。

(4)现场处置结束后,LC 查看监控界面、网络通信,以及交易数据上传情况。

(5)故障恢复后,提取三层交换机日志,进行故障原因分析。

项目七
自动售检票系统巡检作业

项目概述

检修的目的是为了了解自动售检票系统设备当前的运行状况，以便及时进行相应的维护维修工作。AFC 系统设备的维护工作贯彻检修与维修相结合，以检修为主的原则，按期进行计划性检修，在检修中采取多种检测手段，深入检查设备运行情况，及时掌握设备健康状态，根据设备状态参数及时进行检修保养，采用科学的管理方式逐步完善 AFC 系统设备维护体系。本项目首先对自动售检票车站终端设备的巡检流程与巡检方法进行了详细的介绍，然后分别对车站计算机系统设备和车线网系统巡检的维修维护方法进行了明确、详尽的说明。

学习目标

1. 知识目标
(1) 了解 AFC 系统设备的维修、检修工作。
(2) 了解自动售检票系统的车站终端设备的检修工作。
(3) 熟悉自动售检票系统的巡检作业流程。
2. 能力目标
(1) 能够掌握自动售检票系统巡检作业的工作过程。
(2) 熟悉不同设备的检修内容。
3. 素质目标
(1) 培养动手操作能力。
(2) 增强设备安全维护意识。

检修规程及标准化作业手册

城市轨道交通**自动售检票系统**

知识体系

自动售检票系统巡检作业
- 车站终端设备日常巡检作业
- 车站机房设备巡检作业
- 线网系统巡检作业

思政课堂

AFC检修工：车站售检票设备的守护者

在人来人往的地铁站，与行色匆匆的乘客们相比，他们的安静、沉着显得"与众不同"，他们就是AFC检修工。身着一身牛仔蓝、携带便捷工具箱，时而伫立在售票机后，时而蹲在进出站闸机处，他们专心致志地研究票务设备，以最快速度为乘客解决进出站、无法照常购票等问题。

AFC是地铁自动售检票系统的简称，主要由自动售票机、自动检票机等票务设备组成，实现地铁售票、检票、计费、收费、统计等功能。保证乘客高效、顺畅地进出站，离不开AFC检修工的勤劳付出。昼夜交替，他们用辛勤与汗水守护着5000余台售检票设备及系统正常运转；四季更迭，200余名AFC检修工用智慧保障设备迭代更新、与时俱进。

1. 周密交接——一天的工作重点了然于心

"一天之计在于晨"，7：30，离正式上班还有半小时，白班AFC检修工早已到岗。口头交接、实地查看、双人核对，白班人员与晚班人员详细交接前一晚的工作情况，对已完成的故障检修进行销项，对未完成部分进行详细交接、记录……一天的工作实现无缝衔接。一边倾听，一边构思当班工作的分类排序。交接班会结束后，他们的记录本早已密密麻麻，一天的工作重点也了然于心。

2. 高峰守护——用心护航乘客上下班通行

早晚高峰期间，进出闸机人流如梭，而AFC检修工带着工具包在站内待命，看到排队刷卡进站的乘客离通道过近，他们一边提醒乘客站在黄线外刷卡，一边引导乘客分流。一旦出现闸机门扇无法正常开合，购票机无法顺利出票，他们便会立即上前，摆放检修提示牌，做好乘客引导。"往往上一秒没问题，下一秒故障就发生了。"他们对设备故障的发生十分敏感，"开合频率不对、提示音有细微差别"，凭借在实战中修炼出的"千里眼"和"顺风耳"，他们总能精准判断故障发生点。一气呵成的流利操作，一秒进入状态的聚精会神，这是AFC检修工用心陪伴、护航万千乘客顺畅出行的生动写照。

3. 细心巡视——有效降低偶发故障的概率

"虽说售检票设备运行过程中无法完全避免断网、卡顿等偶发性故障，但我们要竭尽所能降低这些偶发概率。"9：00、15：00……AFC检修工每天都要反复测试，耐心地对各站点每台售检票设备进行日巡。除了常规操作，他们还要细致计算每一个操作顺利完成花费的时间。"别小看这些时间记录数据，它与乘客体验感、设备运行状态息息相关。"于是，在站点总能碰到他们不厌其烦地用测试票、地铁卡、现金、手机进行测试、记录。除了守卫前端设备，他们还要定时查看后台服务器运行状态，确保设备环网连接正常。一天下来，一名AFC检修工需要反复巡视设备数十台，日均行走近2万步。守卫前方、保障后方，他们用日复一日的坚持降低故障偶发性。

4．"三到""三心"——设备全面维护保养上线

面对朝夕相处的售检票设备，AFC检修工要做到"眼到、心到、手到""耐心、细心、巧心"，精心维护每一台设备。23：00，地铁运营结束后，线网5000余台售检票设备的日常维护保养是个大工程，这意味着平均每名AFC检修工需负责30余台设备的维护保养。大则几十公斤重的部件更换，小至几毫米的零部件配置除尘，内部线缆检查等。精密部件有上百个零件，且规格、位置分布不一，在拆卸保养后都须精准复原。通过系统规划、任务分解，他们通常将不影响运营的小保养择机在白班完成，大保养则在夜班进行。设备保养是个复杂的系统工程，往往耗时几小时，不仅要求操作人员具备专业的业务能力，还需反复蹲下、站起、弯腰，更挑战操作人员的身体承受力。但他们用坚持和付出确保每一项操作都精准无误。

5．智慧发力——休息时间研发设备新功能

从实体票卡，到各类手机App，购票方式越来越智能，这也离不开AFC检修工勤劳与智慧的付出。结束一天的工作后，大家利用休息时间，自发组建编程学习小组，他们从零开始学习软件编程等新技术，高效利用现有资源，合理改造已有设备，完善丰富现有设备功能。他们自主研发的网络巡检工具，让网络巡检操作可视化、便捷化，显著降低设备断网率。此外，他们自主研发的脱机设备、自助票务处理机、移动售票机，让售检票设备更智能、更灵活。

城市轨道交通**自动售检票系统**

任务一 车站终端设备日常巡检作业

检修的目的是为了了解自动售检票系统设备当前的运行状况，以便及时进行相应的维护维修工作。

车站检修工每天至少巡视各自管辖的车站两次，早班在到达指定的车站后即开始对站内的设备状况进行巡视，巡视结果必须进行记录，巡视结束后与当班的同事一起对发现的故障进行处理；中班在运营结束之前也要对管辖区间内的设备进行巡视，并统计所有当日遗留未处理的故障并上报生产调度。巡检准备如图7-1-1所示。

中央计算机的巡视一般以2～3 h为一个周期，对设备的运行状况、通信状况、数据传输状况等进行记录，发现问题或隐患须及时上报、处理，具体按照自动售检票系统故障处理程序进行处理。

图7-1-1 巡检准备

车站终端设备维护主要是保障AFC系统设备的运营维护、维修、保养工作，确保系统设备的正常运行，提高系统设备的使用寿命。

车站终端设备主要包括：自动售票机(TVM)、自动检票机(AGM)、半自动售票机(BOM)、自动查询机(TCM)、手持验票机(PCA)。

一、自动售票机维护

1. 日检

(1)确保触摸屏屏幕显示均应亮度适中，无笔画缺损、乱码、抖晃、色差。
(2)确保触摸屏无漂移，触点响应准确；运行状态显示器显示无笔画缺损、乱码。
(3)观察运营状态显示器是否显示黄绿色正常或红色告警字迹。
(4)观察硬币投币口有无污垢和杂物，开关是否正常。
(5)观察出票口和找零口有无污垢、杂物。

显示器日检示意如图 7-1-2 所示。

图 7-1-2　显示器日检

2. 月检

(1) 清洁显示屏与运营状态显示屏。

(2) 清洁出票口和退币口。

(3) 清洁投币口。

(4) 清洁设备内部。

(5) 清洁纸币处理模块。

(6) 清洁发卡模块。

(7) 清洁硬币模块。

(8) 清洁纸币找零模块。

(9) 功能测试。

TVM 内部清理如图 7-1-3 所示。

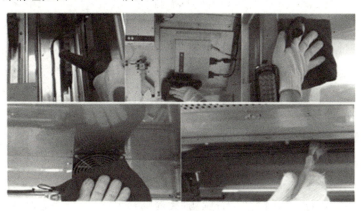

图 7-1-3　TVM 内部清洁

3. 季检

(1) 车票发售模块检修。

(2) 纸币处理模块检修。

(3) 硬币模块检修。

(4) 纸币找零模块检修。

(5) 打印机检修。

(6) 清洁控制板及紧固件、插接件检修。

(7) 功能测试。

车票发售模块检修如图 7-1-4 所示。

图 7-1-4 车票发售模块检修

4. 年检

1) 发卡模块检修

(1) 检查票箱是否形变（更换形变严重的票箱）。

(2) 检查票箱锁及卡口功效是否变化。

(3) 根据皮带、刮票轮使用频率和磨损情况，更换传动皮带、刮票轮。

(4) 检查传动部位的轴承、压轮、滚轮的磨损程度（更换磨损严重的部件）。

(5) 检查机构内螺丝螺帽和其他紧固件有无松动、缺失，如有松动进行紧固，补齐缺失零件。

(6) 用润滑油润滑发卡通道的滚轮、压轮及轴承。

(7) 用润滑脂润滑升降机构升降丝杆（升降丝杆涂抹润滑脂后，升降 3 次，清除多余润滑脂）。

(8) 检测导轨是否形变，滑动是否顺畅（无异响，无顿挫）。并更换形变导轨。

发卡模块年检如图 7-1-5 所示。

图7-1-5 发卡模块年检示意图

2) 纸币处理模块检修
(1) 根据皮带使用频率和磨损情况，更换皮带。
(2) 检查同步轮磨损情况，更换磨损严重的同步轮。
(3) 检查滚轮与滚轴磨损情况，更换磨损严重的滚轮或滚轴。
(4) 检查模块内排线有无破损或接触不良，更换损坏排线。
(5) 检查长度传感器是否完好，更换损坏的长度传感器。
(6) 检查定位卡销有无形变，调整或更换形变的定位卡销。
(7) 用润滑油脂润滑活塞轮轴、叉子。
(8) 清洁滚筒内部及内部传感器的灰尘。
(9) 清洁纸币钱箱内部及内部传感器的灰尘。
(10) 检测控制板电压(DC 3V)，若电压低于额定值，更换电池。

图7-1-6所示为纸币处理模块年检示意图。

图7-1-6 纸币处理模块年检

3)硬币模块检修

(1)检查硬币补币箱和回收箱有无形变,更换形变严重的补币箱和硬币回收箱。

(2)拆卸硬币处理模块,清洁内部灰尘及污垢。

(3)检查硬币处理模块的传送通道各传动轮及皮带磨损情况,更换磨损严重的传动轮及皮带。

(4)检查硬币补币箱及循环找零箱内部转盘及弹跳器,更换磨损严重的转盘及弹跳器。

(5)清洁硬币处理模块控制板并紧固插接件。

(6)检查硬币处理模块导轨有无形变,更换形变的导轨。

(7)用润滑油润滑硬币处理模块暂存处传动齿轮。

(8)待各个模块检修完成,设备上电后检查硬币回收箱电磁感应器是否正常,调整不正常的电磁感应器。

硬币模块年检如图7-1-7所示。

图7-1-7 硬币模块年检

4)纸币找零模块检修

(1)检查同步轮磨损情况,更换磨损严重的同步轮。

(2)检查滚轮与滚轴磨损情况,更换磨损严重的滚轮或滚轴。

(3)检测并调整厚度传感器的值是否在正常范围内。

(4)检测皮带有无老化、裂痕,更换废旧皮带。

(5)检查纸币找零模块皮带绿色转动轮(转动顺畅,无异响)。

(6)清洁纸币找零模块内部控制板,并检查线缆和接插件是否松动。

(7)检查纸币找零模块各部件固定螺丝是否缺失、损坏(及时补缺或更换)。

(8)检测导轨是否形变,滑动是否顺畅(更换形变导轨)。

纸币找零模块年检如图7-1-8所示。

图 7-1-8 纸币找零模块年检

5）工控机检修

（1）用吹风机清洁工控机内部灰尘，检查硬件无缺损。

（2）检修工控机内部线缆连接情况，理清并整理好线缆。

（3）检查 DOM 盘、CF 卡等存储介质读写是否正常，如有异常予以更换。

（4）设备上电后，检测操作系统、应用软件（包括配置文件）运行是否正常。

工控机年检如图 7-1-9 所示。

图 7-1-9 工控机年检

6）读卡器检修

（1）拆卸读卡器，清洁其内部机构灰尘、污垢。

（2）查看电路板、SIM 触点有无氧化现象。

（3）检查 TPU 与天线盘之间线缆有无破损松动。

（4）待各模块检修完成后，设备上电，连接读卡器，测试读卡器读写功能。

读卡器年检如图 7-1-10 所示。

图7-1-10 读卡器年检

7)接地电阻测试

(1)设备外壳接地电阻不大于1Ω。

(2)设备火线对地电阻不小于$0.5M\Omega$。

8)紧固件及插接件检修

(1)检查紧固门锁、门撑杆、定位销、乘客显示器、读写器、工控机、电源等部件的螺丝是否缺失,及时补缺。

(2)检查紧固各模块紧固件及插接件有无老化,裂痕,及时更换。

(3)检查设备电源线有无破损,确保绝缘良好。

紧固件、插接件年检如图7-1-11所示。

图7-1-11 紧固件、插接件年检

9)功能测试

(1)确认模块安装到位,如果测试过程中需要维修,请单独断开该模块电源。

(2)闭合空开,闭合电源模块,开机。

(3)手动检测打印机打印是否正常。

(4)在触摸屏上点击各目标站点,检查显示屏上的站点和票价内容是否正确,运营状态显示器显示是否清晰。

(5)观察纸币口指示灯显示是否正常,硬币投币口打开是否正常。

(6)测试纸币处理模块是否正常接收纸币(5元、10元)。

(7)观察乘客购票,确保能连续发售5张单程票且找零正常。

二、自动检票机维护

1. 日检

(1)确认乘客显示屏正确显示,字体笔画完整,无乱码。

(2)确认导向指示灯、告警灯显示状态正确。

(3)确认扇门无缺角、裂纹等。

(4)查看乘客显示屏右下角,是否正常显示联机状态,并对脱机状态的设备找出原因且尝试修复。

AGM 日检如图 7-1-12 所示。

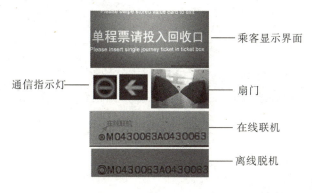

图 7-1-12　AGM 日检

2. 月检

(1)清洁显示屏及外壳。

(2)设备内部清洁。

(3)车票回收模块检修。

(4)扇门单元检修。

(5)功能测试。

AGM 扇门月检如图 7-1-13 所示。

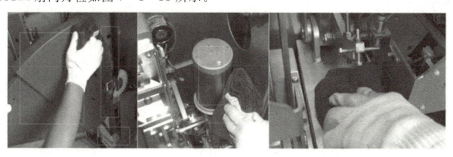

图 7-1-13　AGM 扇门月检

3. 季检

(1) 票卡回收模块检修。

(2) 扇门模块检修。

(3) 二层交换机季修。

(4) 控制板清洁及紧固件、插接件检修。

(5) 功能测试。

扇门模块季修如图 7-1-14 所示。

图 7-1-14　扇门模块季检

4. 年检

1) 票卡回收模块检修

(1) 检查票箱是否形变，并更换形变严重的票箱。

(2) 检查票箱锁及卡口功效是否变化。

(3) 根据使用频率和磨损情况，更换传动皮带。

(4) 检查传动部位的轴承、压轮、滚轮的磨损程度，并更换磨损严重的部件。

(5) 检查机构内螺丝螺帽和其他紧固件有无松动、缺失，如有松动进行紧固，补齐缺失零件。

(6) 用润滑油润滑发卡通道的滚轮、压轮及轴承。

(7) 用润滑脂润滑升降机构升降丝杆（升降丝杆涂抹润滑脂后，升降 3 次，清除多余润滑脂）。

票卡回收模块年检如图 7-1-15 所示。

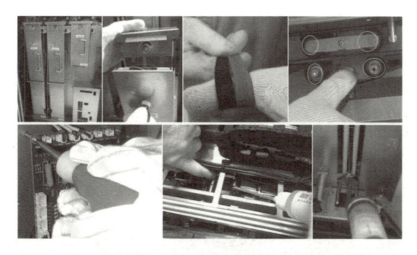

图 7-1-15 票卡回收模块年检

2)扇门模块检修

(1)检查扇门机构各部件的连接线缆及插接件,如有接触不良、老化松动或破损的部件应及时更换。

(2)用专用润滑油脂对扇门动作机构轴承注油。

(3)检查扇门机构底座及电机固定支架螺丝是否紧固,并加以紧固。

(4)检查扇门机构复位弹簧松紧程度。

(5)检查扇门支架是否形变、门扇是否破损(更换形变严重的支架及破损的门扇)。

扇门模块年检如图 7-1-16 所示。

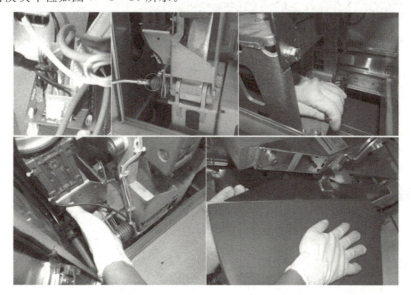

图 7-1-16 扇门模块年检

3）二层交换机检修

（1）检查二层交换机工作状态是否良好（接口指示灯是否正常）。

（2）检查网络连接水晶头、光缆尾纤连接是否牢固可靠，有无折损情况。

（3）依据网络设备端口连接对照表，确认下联设备无人随意变动端口连接线路，并检查标签是否正常。

（4）用万用表测量二层交换机适配器供电是否正常。

（5）检查光纤尾纤弯曲半径是否合格（最小弯曲半径不小于 150 mm）。

（6）光纤盒备用端口防尘帽是否缺失。

二层交换机年检如图 7-1-17 所示。

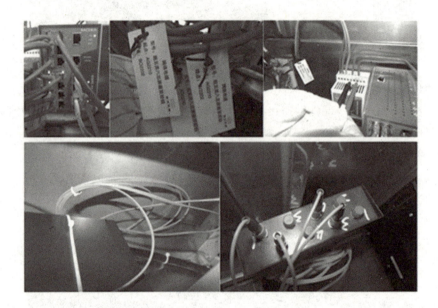

图 7-1-17　二层交换机年检

此外，年检还包括读卡器检修，工控机检修，接地电阻测试，紧固件及插接件检修，功能测试。

三、半自动售票机维护

1. 日检

（1）确认读写器的 L1 和电源指示工作状态正常（数码管显示 00 表示读卡功能正常）。

（2）检查显示屏。显示屏应亮度适中，无笔画缺损、抖晃、色差和功能缺失等现象。

（3）BOM 能否正常连接到 SC 服务器（操作显示屏最下方状态栏中间是否显示"联

机")。

BOM 日检如图 7-1-18 所示。

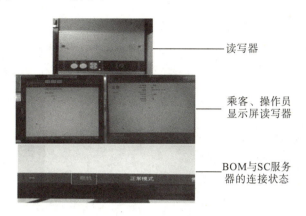

图 7-1-18　BOM 日检

2. 月检

（1）设备清洁。

（2）紧固件、接插件检查。

检查工控机和读卡器的接插件、线缆是否松动，连接是否正确、可靠、紧固到位。检查设备机械部分螺丝、接插件是否紧固到位，如有发生紧固件松动、缺失，应予以紧固和及时补缺。接插件老化引起接触不良的，应予以更换。

（3）设备功能检测。

3. 年检

1）工控机检修

BOM 工控机年检同 TVM 工控机年检，此处不再赘述。

2）读写器检修

读写器年检同 TVM 读写器年检，此处不再赘述。

3）部件检查

（1）检查线缆有无缺损，更换破损的线缆。

（2）检查接插件有无老化、破损，更换损耗件。

4）功能测试

（1）检查模块键盘、鼠标有无按键失灵或损坏，更换损耗件。

（2）检查显示屏是否损坏，更换损坏的显示器。

（3）检查 DOM 盘，CF 卡等存储介质读写是否正常，如有异常予以更换。

（4）设备上电后，检测操作系统、应用软件（包括配置文件）运行是否正常。

（5）检查读卡器连接情况，测试读卡器读写功能。

四、自动查询机维护

1. 日检
液晶屏屏幕显示应亮度适中,无笔画缺损、乱码、抖晃、色差。触摸屏无漂移,触点响应准确。

2. 月检
(1)设备清洁。
(2)紧固件、接插件检查。
(3)设备功能测试。

3. 年检
1)工控机检修
TCM 年检中对工控机的检修同 TVM 年检工控机检修,此处不再赘述。
2)读写器检修
TCM 年检中对读写器的检修同 TVM 年检读写器检修,此处不再赘述。
3)部件检查
TCM 年检中对部件的检查同 BOM 年检中对部件的检查,此处不再赘述。
4)功能测试
(1)检查显示屏是否损坏,更换损坏的显示器。
(2)检查 DOM 盘,CF 卡等存储介质读写是否正常,如有异常予以更换。
(3)设备上电后,检测操作系统、应用软件(包括配置文件)运行是否正常。
(4)检查读卡器连接情况,测试读卡器读写功能。

五、手持验票机维护

1. 月检
1)完好性检查
查看手持验票机(PCA)外观是否完好、各配件是否齐全并用抹布清洁设备外壳,如图 7-1-19 所示。

图 7-1-19 PCA 完整性检查示意图

2)功能性检查

信息读取功能检查:检修人员手持单程票或储值票对票卡信息进行读取,判别信息完整度。

网络连接检查:在5G、蓝牙、Wi-Fi、等模式下,检测网络环境是否稳定。

2. 年检

1)SIM卡触点检查

检查SIM卡触点是否氧化、松动,如不能正常使用应及时更换整机。PCA的SIM卡触点检查如图7-1-20所示。

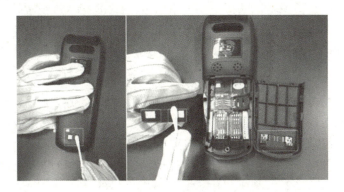

图7-1-20　SIM卡触点检查

2)电池检测

测试电池是否能正常充电可用,如不能正常使用应及时更换电池。

城市轨道交通**自动售检票系统**

任务二 车站机房设备巡检作业

一、车站计算机日常维护检修

车站计算机计划检修按照巡检周期和维护范围，分为日检、双周检、季检和年检。

1. 日检

日检由车站工作人员完成，主要维护操作显示屏、设备门锁、UPS 和 HUB。要确保直观状态良好，防护锁闭，UPS 处于充电状态，HUB 指示灯正常。工作人员目测车站计算机操作屏，确认通信状态正常，时间同步，图形监控内容正确，接收客流数据正确，UPS 电源指示灯正常亮，HUB 连接端口显示绿灯。

2. 双周检

双周检在日检的基础上还要检查液晶显示器、键盘、鼠标、磁盘状态和显示屏转换器，用抹布和毛刷清洁液晶显示器、键盘、鼠标等外设表面的积尘；检查计算机各磁盘分区运行情况，通过系统桌面－开始菜单－控制面板－管理工具－计算机管理－事件查看－应用程序和系统－查看日志文件属性路径查看硬盘是否出现故障，并确认无报警；检验液晶显示器、键盘、鼠标显示屏转换器等使用性能是否良好。

3. 季检

季检在双周检的基础上增加了供电部分、打印机、紧急按钮的检查，要求主要部件表面无积尘，地面无积尘，机箱内无散落的螺钉或零部件，全部螺钉完整紧固，零部件安装稳固，运作良好、线缆包扎良好、标志清晰，数据可以正常保存、交换。

季检使用口罩、手套、吸尘器、十字和一字旋具、万用表进行机箱内部组件除尘、地面除尘；检查交流电源输入插座固定情况，交流电源输入线缆连接及固定情况，测量交流电输入；检查数据通信线缆状态，确认连接及运作良好；检查 UPS 运作功能，确认在交流电源输入中断时能正常供电 15min 以上；检查主控机磁盘空间，确保每一分区的可使用容量不少于 1GB，进行磁盘空整理；测试 AFC 紧急按钮等。

4. 年检

年检在季检的基础上还需要更换 UPS 电池，检测 UPS 供电性能；更换主控机内部散热风扇，整理机箱内部各组线缆，做到整齐有序、标志清楚；检查紧急按钮内部接线情况，紧固接线端子。

二、车站计算机主要故障及处理方法

1. 服务器不能正常启动

某日某站报故障表现为服务器不能正常启动，服务器硬盘故障灯常亮。维修人员检查后，发现服务器硬盘指示灯不亮，不能识别硬盘；检查 220 V 交流电输入正常，检查主板与硬盘连线正常。拆开服务器，用清洁的压缩空气和软毛刷清洁服务器各硬件表面积尘后，重新安装插槽，硬盘指示灯正常闪亮，硬盘能正常识别。

该故障主要因为硬盘表面积尘和安装插槽积尘，导致服务器主机不能检测到硬盘。按顺序检测供电、连线后，可判断故障原因，清洁后成功修复。在进行设备的清洁、维护时，应注意人身和设备安全，必须在断电情况下才能清洁电路板。清洁时，使用清洁的压缩空气和软毛刷，注意不要弄断电板的线缆。

2. SC 服务器与 LCC 无通信

某日某站报故障 SC 服务器与 LCC 无通信。维修人员检查发现 SC 各软件和程序运作正常，在服务器站厅设备和远程进入各设备均正常；服务器可正常识别网卡，交换机和网线接口正常；重启服务器，发现系统运作缓慢；打开系统进程查看 CPU 使用率，发现进程内有多个相同的程序文件同时运行。关闭相同程序，重启服务器后，运行正常。该故障主要是因为多个相同的程序文件同时运行，导致系统运行缓慢，SC 服务器与 LCC 无通信。按顺序排查通信程序、网卡、交换机和交换机连接线后，重启程序，查看 CPU 使用率，发现问题。关闭相同的进程后，故障修复。

维修人员对设备软件和硬件都要有一定的认知，排查故障时要心思细密，考虑多发因素。

城市轨道交通**自动售检票系统**

任务三　线网系统巡检作业

一、线路中心机房要求

1. 温湿度检测

检测标准：机房温度范围为－5℃～50℃；湿度范围为10％～90％。

检测工具：温湿度计。

检测方法：湿度计测量的为相对湿度，测量时要注意保持水气采集体的干净、无污染。

2. 粉尘检测

检测标准：无明显积尘。

检测方法：对粉尘易于堆积的地方目测检查，如墙角、机柜顶部等。

3. 照明检测

检测标准：机房照明可以满足机箱内维护操作。

检测方法：对电源设备背离光源的部分做目测检查。

4. 通风检测

检测标准：机房必须有良好的通风。

检测方法：定期开启门窗通风，减少机房腐蚀性、易燃易爆性气体的累积。

5. 消防器材检测

检测标准：消防设备布置符合设计规定，消防器材在有效期内而且年检标志齐全。

检测方法：检查器材有效期截止日和规格是否符合规定，定期进行模拟消防演练，检测有效性。

6. 密闭性检测

检测标准：门窗关闭后，刮风时没有明显的进风啸叫；机房没有屋顶渗漏、窗户与管线没有进水等。

二、线路中心设备维护

1. 线路中心计算机系统构成

线路中心计算机系统是由在控制中心设置的两套主服务器、两台通信前置服务器、两台存储交换机、磁盘阵列和磁带库、票务管理服务器、数据交换服务器、历史数据比较服务器、文档服务器、网管服务器、两台以太网中心交换机和工作站构成。

2. 核心服务器维护

1）日常巡视

检查核心服务器的状态指示灯是否正常。设备正上方有一个指示器，[i]号的琥珀色灯如果亮起说明设备硬件报错，此时需要报修；如果为绿灯显示，则表示服务器状态正常。服务器故障如图7-3-1所示。

图7-3-1 服务器故障示意图

2）巡检方法

当巡检时发现设备故障，可在系统中通过相关命令查看故障详细信息，下面是几种常用的巡检命令。

（1）errpt-dH：查看硬件错误日志。

在系统里执行errpt-dH命令后，出现如图7-3-2所示的硬件错误信息显示界面。

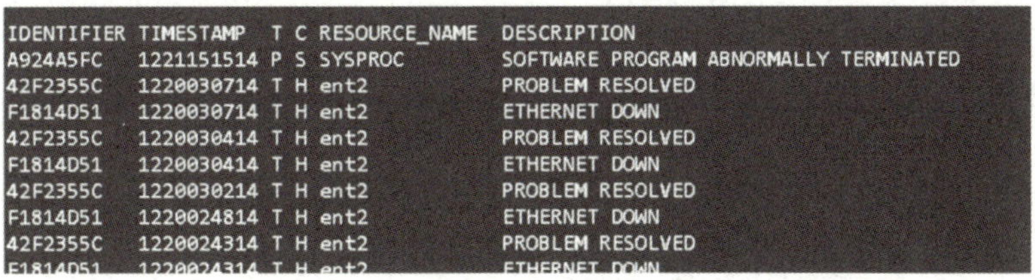

图7-3-2 errpt-dH命令查看错误信息显示界面

其中，TIMESTAMP代表日期，以MMDDhhmmYY格式显示，如0319131008表示2008年3月19日13时10分；T(Type)一栏中，P表示永久性错误，T表示临时性错误，U表示不能决定是什么错误，I表示信息而非错误；C(Class)一栏中H表示硬件错误，S表示软件错误，O表示通知操作员。如果T(Type)一栏中是P且C(Class)一栏中是H请打服务器厂家进行硬件报修。

（2）df-m：查看文件系统使用情况命令。

在系统里执行df-m命令后，出现如图7-3-3所示的文件系统使用情况相关信息显示界面。

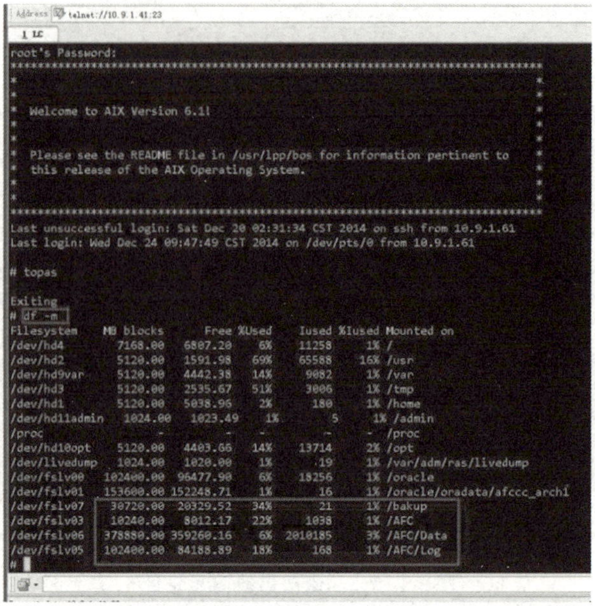

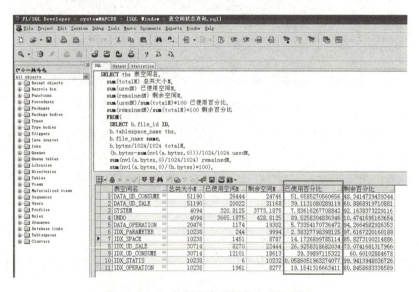

图 7-3-3　df-m 命令查看文件系统使用情况

(3)查看数据库表空间状态是否正确。

打开 PL/SQL，账户名为 system，密码为 oracle，database 为 AFCDB；打开一个 SQL 窗口，输入如图 7-3-4 所示的 SQL 语句。执行该 SQL 语句后，会显示数据库表空间状态的查询结果，其中灰色框标记部分即为所查询内容，当已使用百分比超过 80%则需进行相应的处理。

	表空间名	总共大小M	已使用空间M	剩余空间M	已使用百分比	剩余百分比
1	DATA_UD_CONSUME	51190	26444	24746	51.6585270560656	48.3414729439344
2	DATA_UD_SALE	51190	20022	31168	39.1131080289119	60.8868919710881
3	SYSTEM	4094	320.8125	3773.1875	7.83616267708842	92.1638373229116
4	UNDO	4094	3665.1875	428.8125	89.5258304836346	10.4741695163654
5	DATA_OPERATION	20476	1174	19302	5.73354170736472	94.2664582926353
6	IDX_PARAMETER	10238	244	9994	2.38327798398125	97.6167220160188
7	IDX_SPACE	10238	1451	8787	14.1726899785114	85.8273100214886
8	IDX_UD_SALE	30714	8270	22444	26.9258318682034	73.0741681317966
9	IDX_UD_CONSUME	30714	12101	18613	39.39897115322	60.60102884678
10	IDX_STATIS	10238	6	10232	0.0586051963274077	99.9413948036726
11	IDX_OPERATION	10238	1961	8277	19.1541316663411	80.8458683336589

图 7-3-4　数据库表空间状态查询界面

项目七
自动售检票系统巡检作业

(4)CPU最高核心负载和内存负载查看命令。

在系统中输入命令topas,出现如图7-3-5所示的查询界面,其中,图中"1"标记的为CPU最高核心负载值查询结果;"2"标记的为内存负载值查询结果。

(5)查看服务器监听命令。

在系统中输入命令lsnrctl status,出现如图7-3-6所示的查询界面,查看最下边afcdb实例的2个服务是否正常,从而判断服务器监听是否正常。

(6)查看时钟是否同步命令。

在系统中输入命令date,查看服务器时钟是否同步。

(7)查询AFC业务进程数命令。

在系统中输入"su-afc;afc_ps|wc-l"查询AFC业务进程数的命令,可以完成对AFC业务进程数的实时监控,查询界面如图7-3-7所示。

图7-3-5 CPU和内存负载查询界面

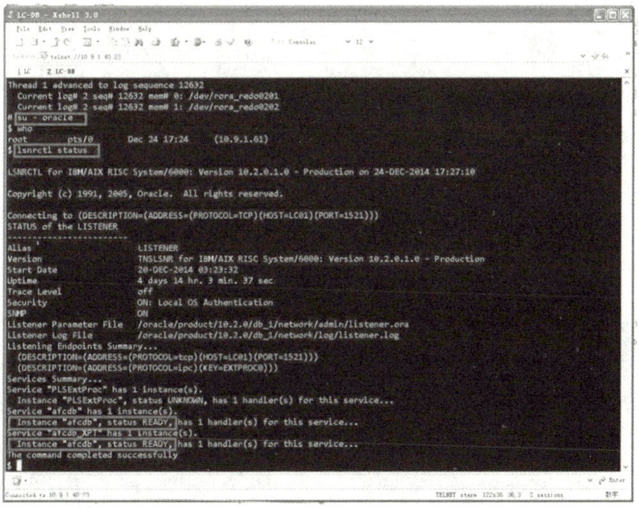

图7-3-6 查看服务器监听界面

217

城市轨道交通**自动售检票系统**

图 7-3-7　AFC 业务进程数查询界面

综上所述，服务器的维修主要有检查控制面板上所有指示灯是否正常，检查 CPU、内存使用情况、查看系统日志，查看有无 Waring、Error 等警告信息，确保时钟正确、双机时钟保持同步，查看数据库表空间状态（应无异常增长，无表空间写满），查看数据库监听是否正常，查看磁带库备份情况是否正常，查看 AFC 业务进程数是否正常，查看文件系统状态是否正常（应无异常增长，无目录写满），查看服务器控制台是否正常，检查清洁设备面板和外壳，确保线缆接插件并固定良好等。

3. 核心服务器计划性检修

1) 日检

以上关于核心服务器维护的"1) 日常巡检"和"2) 巡检方法"即为对核心服务器的日检，因此，此处不再赘述。

2) 月检

(1) 清洁设备面板和外壳，应无灰尘、污垢，图 7-3-8 所示为设备面板、外壳清洁示意图。

图 7-3-8　设备面板、外壳清洁

(2)线缆、接插件固定良好,无接触不良,如图 7-3-9 所示。

图 7-3-9 检查线缆、接插件

(3)在系统中输入命令 topas,查看服务器的 CPU 和内存使用情况等基础性能数据并与上月基础值做对比,编制系统性能分析报告。

3)季检

(1)修改各系统超级用户密码。在 IBM AIX 系统通过 X-shell 登录服务器然后用 passwd 命令执行,从而完成密码的修改功能,如图 7-3-10 所示。

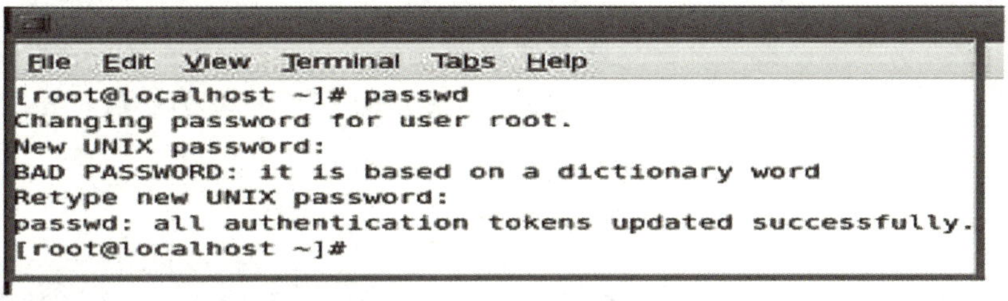

图 7-3-10 密码修改

(2)清理过期的告警日志。在 IBM AIX 系统通过 X-shell 登录服务器用命令 errclear 执行,完成告警日志的清理操作。

(3)检查连接线缆的水晶头、尾纤是否牢固,有无损坏。

4)年检

(1)清洁服务器灰层,确保散热片和散热风扇无积垢。

(2)清洁滤尘网,保持散热孔通畅。

(3)系统镜像盘制作(若有更新或改造应及时制作镜像)。

(4)主备机切换功能验证。

(5)线缆接插件固定良好,无接触不良。

(6)检测硬盘运转是否正常,如果端口指示灯为绿色表示正常,琥珀色则表示不正常。如在检查过程中发现硬盘运转不稳定或损坏应及时更换。

(7)对设备进行接地测试,设备外壳接地电阻不大于 1 Ω,设备火线对地电阻不小于 0.5 MΩ。

三、磁带库维护

磁带库是像自动加载磁带机一样的基于磁带的备份系统，磁带库由多个驱动器、多个槽、机械手臂组成，并可由机械手臂自动实现磁带的拆卸和装填。它能够实现连续备份、数据恢复、自动搜索磁带等功能。磁带库如图7-3-11所示。

图7-3-11 磁带库

磁带库的维护也包括日检、月检、季检和年检。

1）日检

（1）查看硬盘、卷组状态是否保持正常。首先是查看指示灯是否为绿色显示，如果是，则表示正常，如果为琥珀色显示则表示硬盘故障，需及时排查原因；其次是通过登录TSM服务器并输入命令qvol，查看磁带库利用率，如果在规定正常的范围内则表示正常。图7-3-12为磁带库状态指示灯示意图，图7-3-13为硬盘、卷组状态查看示意图。

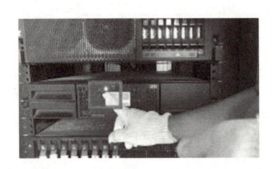

图7-3-12 磁带库状态指示灯示意图

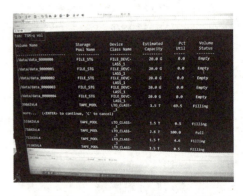

图7-3-13 硬盘、卷组状态查看

（2）查看设备运行状态，应无告警、无故障。

2）月检

（1）清洁磁盘阵列面板和外壳，应无灰尘、污垢。

（2）备份数据检查，通过在备份服务器系统中输入命令"cat /tmp/archive.log"打开备份日志，并查看有无"finished without failure"提示信息，有则表示备份成功，没有则表示备份失败。如果备份失败则需进一步检查备份过程，找出错误源头，数据备份界面如图7-3-14所示。

图 7-3-14 数据备份

(3)清洁带库、磁带机的面板和外壳,确保无灰尘、污垢。

3)季检

(1)清理过期的告警文件,在 IBM AIX 系统通过 X-shell 登录服务器,使用命令 errclear 实现告警文件的清理操作。

(2)检查连接线缆的水晶头、尾纤是否牢固、有无损坏。

4)年检

(1)磁盘阵列主备控制器切换功能验证,通过手动终止主服务器的运行,查看备用服务器是不是会自动切换,完成切换后如果备用服务器正常运行,则表示切换成功,否则表示切换失败。

(2)对磁带机做清洁保养。

(3)清洁磁带机磁头。

(4)对设备进行接地测试,设备外壳应良好接地。

四、应用服务器维护

应用服务器包括通信前置服务器、数据交换服务器、文档服务器、网管服务器、票务管理服务器、历史数据比较服务器。其特点是界面友好，系统安装、网络装置、客户机设置简易，设置、管理系统直观、方便，系统扩展灵活。

应用服务器的维护包括日检、月检、季检和年检。

1) 日检

(1) 检查各应用服务器状态指示灯，如图7-3-15所示。

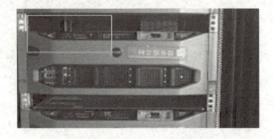

图7-3-15 应用服务器状态指示灯

(2) 检查设备供电是否正常。应用服务器供电检查如图7-3-16所示。

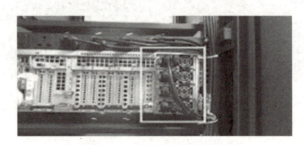

图7-3-16 应用服务器供电检查

(3) 检查各服务器CPU使用率（要求小于70%，超过70%要查找原因）。查看Linux系统需通过X-shell登录服务器，使用Top命令。查看Windows系统，需远程桌面登录任务管理器。

(4) 查看各服务器系统有无告警日志。查看Linux系统，需通过X-shell登录服务器，进入/var/log目录，使用cat messages命令。查看Windows系统，需通过远程桌面登录，进入服务器管理器/诊断/系统目录。

(5) 查看系统时钟是否正确，也即查看各服务器的时钟与时钟服务器是否同步，如果时间相差不超过±1 s，则表示时钟同步，否则，则表示时钟不同步，需强制时钟同步。查看Linux系统，需通过X-shell登录服务器，使用date命令（图7-3-17）。查看Windows系统，需通过远程桌面登录看右下角系统时间。

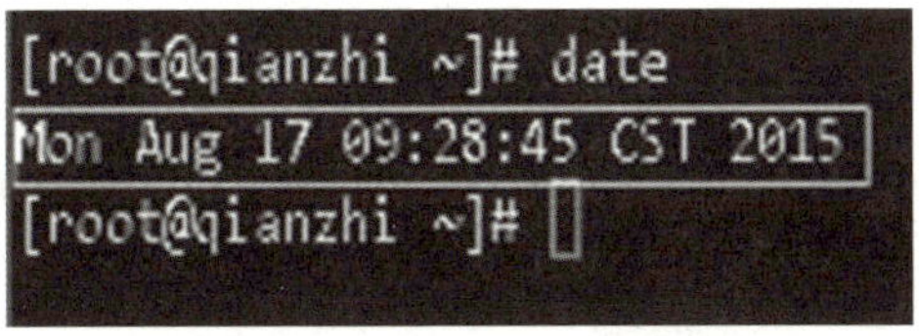

图 7 - 3 - 17　Linux 系统查看时钟同步

（6）查看各服务器的业务软件进程是否正常，通过 X-shell 登录服务器用 ps-ef 命令查看如图 7 - 3 - 18 所示。

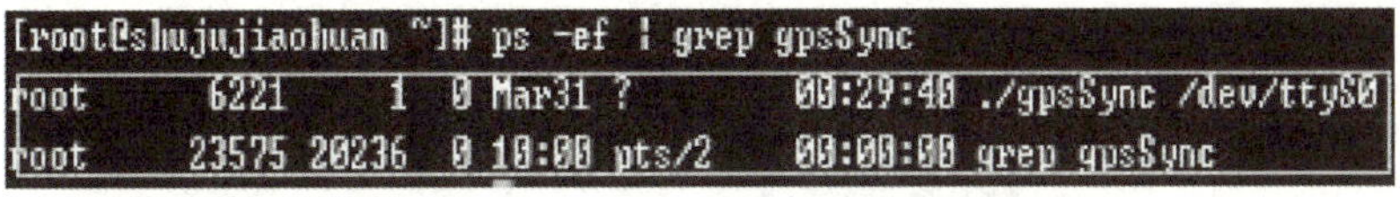

图 7 - 3 - 18　时钟服务器进程

（7）Linux 系统通过输入命令 df-m 查看文件系统使用情况，其中％Used 表示文件系统的使用率，如果不大于 80％，则表示文件系统状态正常；Windows 系统通过远程界面登录查看磁盘分区使用有无异常增长、目录写满等情况。

2）月检

(1)清洁设备面板和外壳，应无灰尘、污垢，如图 7 - 3 - 19 所示。

图 7 - 3 - 19　应用服务器表面清洁

（2）在清洁和测试过程中，检查紧固件、接插件，如有松动及时紧固插件，如图 7 - 3 - 20 所示。

图 7 - 3 - 20　应用服务器紧固插件

(3)在系统中输入命令 topas 查看服务器的 CPU 和内存使用情况等基础性能数据。

3)季检

(1)修改各设备系统超级用户密码。检查 Linux 系统,需通过 X-shell 登录服务器用 passwd 命令修改(图 7-3-21)。检查 Windows 系统,需通过远程桌面登录,进入控制面板进行修改。

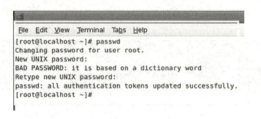

图 7-3-21　Linux 系统下修改超级用户密码

(2)磁盘碎片整理。

(3)清理、归类系统日志文件。

4)年检

(1)设备内部清洁。

①关闭服务器;②用吹风机和毛刷清洁服务器内部灰尘,散热片和散热风扇无积垢;③用吹风机清洁滤尘网,保持散热孔通畅;④开启服务器,确保运行状态;⑤机柜接地测试。

设备内部清洁如图 7-3-22 所示。

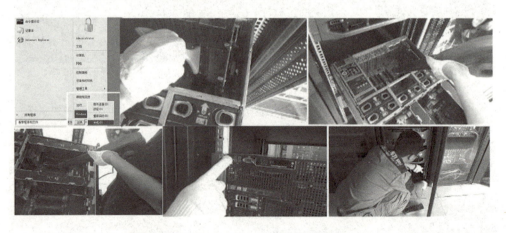

图 7-3-22　设备内部清洁

(2)系统维护。

RAID 系统镜像盘制作(若有更新或改造,应及时制作镜像)。

(3)服务器检修。

①检查机内硬件无缺损,各板卡安装可靠,无松动,螺丝紧固到位;②线缆接插件固定良好,无接触不良;③检测硬盘运转是否正常,如运转不稳定或损坏应及时更换。

服务器检修如图7-3-23所示。

图7-3-23 服务器检修

(4)性能分析。

①统计月度性能监控数据,并与上年度技术数据对比,有差异则需分析原因;②编制系统年度性能分析报告。

五、网络设备维护

网络设备主要包括核心交换机、防火墙、入侵检测、光电转换器等。

核心交换机的主要目的在于通过高速转发通信,提供优化、可靠的骨干传输结构,具有更高的可靠性,更好的性能和更大的吞吐量。核心交换机如图7-3-24所示,其状态指示灯含义如表7-3-1。

图7-3-24 核心交换机

表7-3-1 核心交换机状态指示灯说明表

LED灯	颜色	状态	描述
STAT	绿色	闪动	交换机自检成功,状态正常
			交换机开机自检中
	红色	亮	开机自检失败

续表

LED 灯	颜色	状态	描述
PWR1	橙色	亮	第一路电源正常供电
		不亮	第一路电源不供电
PWR2	橙色	亮	第二路电源正常供电
		不亮	第二路电源不供电
FAULT	红色	亮	交换机故障、触发报警
		不亮	正常状态
MSTR/HEAD	绿色	亮	该交换机是环网主交换机，环网正常
		闪动	该交换机是环网主交换机，环网断开
		不亮	该交换机不是环网主交换机
CPLR/TAIL	绿色	亮	耦合端口
		不亮	非耦合端口

防火墙和入侵检测可以有效防御病毒、黑客的入侵与攻击。城市轨道交通自动售检票系统在 AFC 网络系统和外部网络之间安装了防火墙，可实现对各种拒绝服务攻击的有效防范，还配置了地址解析协议（Address Resolution Protocol，ARP）欺骗攻击防范，以及超大因特网控制报文协议（Internet control Message Protocol，ICMP）报文攻击防范，设置了防火墙的告警策略，启动了防火墙日志功能。除此之外，还采用了基于状态的特征检测技术，基于协议异常分析的检测技术和基于流量异常分析的检测技术，可应对来自外网和内网的攻击，缩短发现黑客入侵的时间。入侵检测技术与防火墙共同协作，对 AFC 系统网络入口进行了多层次安全保护。虽然 AFC 系统处于专网环境中，但由于系统升级等需求不可避免地会与外界存储设备存在交互。因此对于内网的管理，除了应用网络防病毒体系外，还可以采用漏洞扫描和日志告警功能，使得系统在遭受攻击之前，可以了解和修复自身网络安全问题，提早发现漏洞，阻断病毒传播。另外，系统还应该具备外部存储设备的认证功能，即只有被认证过的设备才可以在系统中使用，防止外界存储设备向系统传播病毒。

千兆光纤收发器（又名光电转换器）是一种快速以太网，其数据传输速率达 1 Gb/s，仍采用 CSMA/CD 的访问控制机制并与现有的以太网兼容，在布线系统的支持下，可以使原来的快速以太网平滑升级。光电转换器是一种类似于基带数字调制解调器的设备，和基带数字调制解调器不同的是接入的是光纤专线，为光信号，具有光口配置灵活等特点。

网络设备的维护包括日检、月检、季检和年检。

1）日检

(1)检查核心交换机、防火墙、入侵检测、光电转换器的状态指示灯是否正常:如果指示灯无持续快速闪烁(中断或停止),则表示正常;如果指示灯规律闪烁或接近常亮则表示异常,需排查原因,并及时上报。网络设备指示灯如图 7-3-25 所示。

图 7-3-25 网络设备指示灯

(2)检查网络设备供电是否正常。检查交换机供电如图 7-3-26 所示。

图 7-3-26 检查交换机供电

(3)检查核心交换机运行是否正常。

通过网页登录核心交换机,查看 system identification 状态是否在正常范围。

查看核心交换机端口流量是否正常,查看路径为 Monitor—Monitor System。

查看核心交换机日志告警,查看路径为 System Log—Event Log。

(4)检查防火墙运行情况。

登录防火墙主界面查看 CPU 和内存占有率。

登录防火墙,通过路径"日志管理－日志报表－系统日志"查看防火墙是否有异常日志。

(5)检查网络设备与 ACC 的通信是否正常,通过任何一个终端设备,点击开始,打开运行窗口,输入命令 cmd,在新打开的 DOS 界面 ping＋ACC 服务器的 IP 地址,如果能 ping 通表示通信正常,否则,表示通信不正常。假设 ACC 的 IP 地址为

10.9.35.30，则检查与 ACC 通信是否正常界面如图 7-3-27 所示。

图 7-3-27　检查网络设备与 ACC 连接情况

2）月检

（1）修改核心交换机、防火墙，修改入侵检测系统的超级用户密码，通过网页登录交换机，进行密码的修改操作。

（2）清洁网络设备表面灰尘，污垢，如图 7-3-28 所示。

图 7-3-28　网络设备表面灰尘清洁

（3）确保线缆接插件固定良好，无接触不良，如图 7-3-29 所示。

图 7-3-29　网络设备线缆接插件检查

3）季检

(1) 备份重要的配置文件。

(2) 查看设备运行日志。

(3) 按照网络设备端口连接对照表，逐一核对下级设备，确认无人随意变动端口连接号，如图 7-3-30 所示。

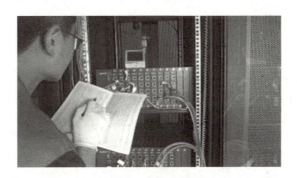

图 7-3-30　检查网络设备端口连接号

(4) 检查连接线缆的水晶头、尾纤是否牢固、损坏，如有松动无法固定的重做连接头，如图 7-3-31 所示。

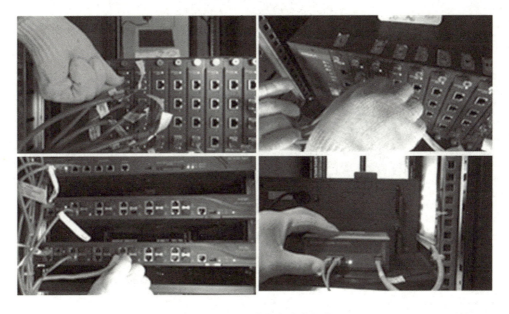

图 7-3-31　检查线缆水晶头

4）年检

(1) 用吹风机和毛刷清洁网络设备内部灰尘，要求网线、光纤接口处无积垢，如图 7-3-32 所示。

图 7-3-32　网络设备清洁

(2)清洁滤尘网,保持散热孔通畅,如图 7-3-33 所示。

图 7-3-33　网络设备滤尘网清洁

(3)检查线缆接插件是否固定良好,确保无接触不良,设备运行状态正常,如图 7-3-34 所示。

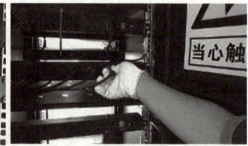

图 7-3-34　线缆接插件紧固

(4)清洁完,查看设备性能,确保设备运行状态正常。

(5)对设备进行接地测试,设备外壳接地电阻不大于 1 Ω,设备火线接地电阻不小于 0.5 MΩ。

项目八
常用检修工器具

项目概述

工具是人类社会进化的一个里程碑,古语说"工欲善其事,必先利其器",可见工具的使用非常重要。在 AFC 设备维修维护中工具的使用也是必不可少的,熟练掌握工具的使用将有助于提高我们的工作效率及生产工艺水平。本项目主要列举了自动售检票系统常用的维修工具,并对几种常用的仪器仪表,即数字万用表、网线钳及测试仪、兆欧表、内阻测试仪和可调稳压电源的使用方法和功能等进行了详细的分析与说明。

学习目标

1. 知识目标
(1)了解自动售检票系统常用的检修工器具。
(2)掌握了解实际 AFC 设备检修过程中器具的工作场景。
(3)熟悉自动售检票系统检修工器具的使用方法。

2. 能力目标
(1)熟练掌握 AFC 设备检修工具的名称、用途、结构。
(2)具有熟练使用 AFC 设备检修工具的能力。

3. 素质目标
(1)培养集体意识和团队合作精神。
(2)培养尊重劳动、热爱劳动的实践能力。

知识体系

常用检修工器具 ── 基本工具
　　　　　　　　└ 仪器仪表

城市轨道交通**自动售检票系统**

思政课堂

双奥之城，轨道创新

2008年8月8日4时38分，北京地铁奥运支线首班车发出，开启45小时不间断运营，随之见证了北京奥运会的成功与宏伟。

2022年，全面上新的冬奥支线则成为科技赋能地铁的缩影。

从2008年到2022年，一座城市、两段奥运缘。从奥运支线到冬奥支线，两条支线一路创新行。

1. 延长的不仅仅是里程

2001年，北京成功申办2008年夏奥会时，北京轨道交通仅有2条线路、54公里运营里程。2008年，北京奥运会举办。当时建成了8条地铁线，200公里里程，同年北京市轨道交通指挥中心投入使用。2022年，北京冬奥会举办，已建成27条线路，783公里运营里程，每天开行超10000列车，运送乘客千万人次。从8条线、200公里到27条线、近800公里，飞速发展的北京轨道交通不仅承载着亿万人的"奥运情""北京梦"，同时也见证了"双奥之城"变迁。北京轨道交通在管理模式、票务服务、客运规模等方面发生的巨大变化，正是有力佐证。

北京轨道交通先后推出线上购票、车站取票、电子单程票、电子发票等服务，省去了现场排队、现金购票充值、换取发票等烦恼，方便了乘客购票，优化了出行体验。此外，北京轨道交通还打破了行业及空间壁垒，实现与其他交通方式、其他城市的互联网票务互联互通。目前，北京轨道交通已与地面公交实现"一码通乘"，先后与上海、天津、广州、重庆、呼和浩特等5座城市实现轨道交通的票务互联互通，并推动数字人民币在北京轨道交通场景的全业务应用。

2. 创新有纵深，融合有广度

北京冬奥会坚持走绿色、低碳、可持续发展之路，"绿色办奥"深入人心的背后，北京轨道交通也在低碳交通方面做出了应有的贡献。与小汽车出行相比，一位乘客搭乘地铁出行可减少77%的碳排放，照这样计算，北京轨道交通一年可减少碳排放738万吨，相当于4.1亿棵树木的吸收量（约4个亚马孙森林）。随着线网规模逐年扩大，出行便捷日益提升，路网结构持续优化，车站可达性逐步提高，北京轨道交通的客流吸引力也日趋增强。从2008年路网日均客运量340万人次，到2019年日均客运量最高接近1100万人次，再到2021年底在公共交通中出行分担率已达57.4%，北京轨道交通成为首都市民日常出行的首选交通方式之一。

北京地铁冬奥支线在乘客服务、票务服务上的诸多创新应用，无不彰显出智慧地铁的创新魅力。仅就乘客服务而言，整合了原互联网票务服务热线、京港地铁公司客服热线及轨道运营公司客服热线,升级为北京轨道交通路网乘客服务热线96123。还推出了北京轨道交通96123App,持续迭代升级,实现多网融合的信息共享。乘客一旦置身站内,则能看到更为立体丰富的出行导引,乘客获取信息的方式进一步丰富,比如可视化的乘客召援服务、新一代PIS系统、数字化广播等。尤其值得一提的是在北京地铁冬奥支线率先上线的平安列车服务,通过AI人工智能、视频分析等技术,可实现对车厢内拥挤度的识别,乘客异常行为的分析及告警,为乘客提供更舒适、安全的乘车环境。

3. 与城同行,一起智慧向未来

和城市同行,北京轨道交通的发展见证了北京"双奥之城"的蝶变,这一切离不开科技创新。北京市基础设施投资有限公司作为北京轨道交通业主单位,牵头编制了北京智慧轨道交通发展行动策划方案,其最大亮点就在于打造面向乘客、面向服务的智慧地铁,利用云计算、大数据、5G、AI等信息化和智能化的手段,提升乘客出行满意度、运营管理和票务服务水平;用科技的手段和创新的管理理念,降低轨道交通工程的建设及运维成本。

城市轨道交通**自动售检票系统**

任务一　基本工具

维修工具包是为每个维修人员配备的一套常用工具，具体配置如表8-1-1所示。

表8-1-1　维修工具包工器具列表

序号	工具名称	规格型号	单位	数量	用途
1	十字螺丝刀	φ5*75	把	1	拆装设备零部件
2	十字螺丝刀	φ7.5*40	把	1	拆装设备零部件
3	十字螺丝刀	φ7.5*150	把	1	拆装设备零部件
4	十字螺丝刀	φ5*150	把	1	拆装设备零部件
5	一字螺丝刀	φ3*100	把	1	拆装设备零部件
6	一字螺丝刀	φ5*150	把	1	拆装设备零部件
7	一字螺丝刀	φ2*40	把	1	拆装设备零部件
8	不锈钢直镊子	1PK-TZ003	把	1	多用于纸币处理模块、打印机取出卡纸
9	尖嘴钳	150 m/m	把	1	零部件拆卸与紧固
10	斜口钳	125 m/m	把	1	多用于剪掉扎带、线缆头
11	手钳（老虎钳）	150 m/m	把	1	设备零部件机械矫正
12	内六角扳手	公制内六角板手	套	1	拆装设备零部件
13	皮老虎	橡胶	个	1	清除敏感元器件表面灰尘
14	手持式恒温电烙铁	55 W	个	1	线缆、线头的焊接
15	活动扳手	12英寸	把	1	拆装、紧固设备零部件
16	活动扳手	6英寸	把	1	拆装、紧固设备零部件
17	测电笔	电子显220～250 V	把	1	设备电源、线缆带电的检测
18	不锈钢剪刀	直头	把	1	多用于剪掉扎带、线缆头
19	软毛刷	防静电	把	1	清除敏感元器件等表面灰尘
20	对讲机	800 M手持台	台	1	接报故障及信息沟通

注：1英寸＝2.54厘米。

任务二　仪器仪表

仪器仪表是指检测、分析、测试电子产品性能、质量、安全的装置。仪器仪表能改善、扩展或补充人的功能，帮助维修人员快速检测、判断出部件等性能的好坏。

设备维护维修常用的仪器仪表有数字万用表、网线钳及测试仪、兆欧表、内阻测试仪、可调稳压电源等。

一、数字万用表

数字万用表是一种多用途电子测量仪器，一般包含安培计、电压表、欧姆计等功能，有时也称为万用计、多用计、多用电表，或三用电表。

数字万用表
使用方法

数字万用表有用于基本故障诊断的便携式装置，也有放置在工作台的装置，有的分辨率可以达到七八位。

数字万用表可以有很多特殊功能，但主要功能就是对电压、电阻和电流进行测量，数字万用表作为现代化的多用途电子测量仪器，主要用于物理、电气、电子等测量领域。

常用的数字万用表如图 8-2-1 所示。

图 8-2-1　数字万用表

1. 使用方法

（1）电压的测量：万用表调整为电压挡及适当量程，万用表并联在电路中（"V̄"表示直流电压挡，"Ṽ"表示交流电压挡），数值可以直接从显示屏上读取。图 8-2-2 所示为电压测量示意图。

（2）电流的测量：万用表调整为电流挡及适当量程，万用表串联在电路中（"Ā"表示直流电流挡，"Ã"表示交流电流挡），数值可以直接从显示屏上读取。

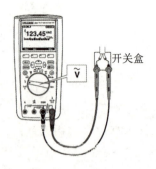

图 8-2-2 电压测量示意图

需要特别指出的是，如果误用数字万用表的电流挡测量电压，很容易将万用表烧坏。因此，在先测电流后，再测电压时要格外小心，注意随即改变转盘和表笔的位置。

(3)电阻的测量：万用表调到欧姆挡"Ω"及选择适当量程，万用表与被测电阻并联，待接触良好时读取数值。图 8-2-3 所示为电阻测量示意图。

图 8-2-3 电阻测量示意图

(4)二极管的测量：将万用表调到二极管挡，用红表笔接二极管的正极，黑表笔接负极，两表笔与被测二极管并联，这时会显示二极管的正向压降。可利用二极管挡测对地阻值判断电路是否开路或短路。

(5)通断：通过快速测量电阻来区分开路或短路。

带有通断蜂鸣的数字万用表，通断测量更加简单、快捷。当测到一个短路电路时，万用表会发出蜂鸣，所以在测试时无须看表。不同型号的数字万用表有不同的触发电阻值。

2. 使用注意事项

(1)当无法预先估计待测电压或电流的大小时，需将旋钮调至最高量程，简单测量一下，然后根据测量结果调至合适量程。

(2)在测量时，不能旋转功能开关，特别是测量高压大电流时，严禁带电转换量程，以防烧毁开关触点。

(3)数字万用表严禁受潮进水。

(4)在测量时,不能用手触摸表笔的金属部分。因为人体也是导体,它会分走一部分电信号,导致测量数据失真,同时对人体也不安全。

二、网线钳及测试仪

网线测试仪,可以对双绞线1,2,3,4,5,6,7,8,G线对逐根(对)测试,并可区分判定哪一根(对)错线、短路或开路。网线钳是用来压接网线或电话线和水晶头的工具。网线测试仪如图8-2-4所示。网线钳如图8-2-5所示。

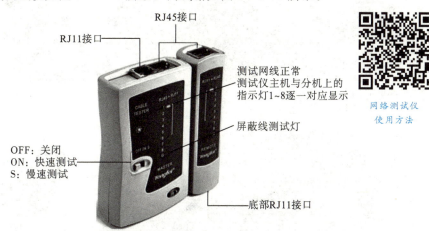

图8-2-4 网线测试仪

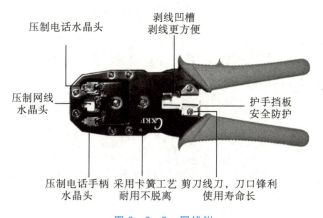

图8-2-5 网线钳

1. 使用方法

1)使用网线钳制作水晶头

步骤如图8-2-6所示。

(1)把线放在网线钳剪口处转一周,把外壳去掉。

(2)按顺序排好线,白橙、橙、白绿、蓝、白蓝、绿、白棕、棕,并剪剩下1 cm长度。
(3)排好线后,拿着水晶头正面向上(没有扣的一面)。
(4)顺着水晶头线槽用力把排好的线插到位,并压实。
(5)再将水晶头放到网线钳内,用力压下去便完成制作。
(6)制作完成后需用测线仪进行测试,灯全亮表明制作成功。

(1)将线头放入专用剪口处,稍微用力一剪

(2)取出线头,线背剥开,理清线序

(3)将网线剪齐

(4)将网络插入水晶头,并且检查网络

(5)将水晶头放入相应钳口,用力压下

(6)压制水晶头完成

图 8-2-6　网线钳制作水晶头步骤

2)测线仪的使用

将网线的两端水晶头插入测线仪 RJ45 端口,一段发射信号,一段反馈信号,信号灯将依次闪过,如果有间隔灯未亮说明网线两边序列不一样。568B标准(常用标准):橙白——1,橙——2,绿白——3,蓝——4,蓝白——5,绿——6,棕白——7,棕——8。

2. 使用注意事项

网线插入检测仪时,要先将水晶头金属触点上的污物、锈渍处理干净,再将其插入接口内。

三、兆欧表

兆欧表是专供用来检测电气设备、供电线路的绝缘电阻的一种便携式仪表。电气设备绝缘性能的好坏,关系到电气设备的正常运行和操作人员的人身安全。为了防止绝缘材料由于发热、受潮、污染、老化等原因所造成的损坏,保证检查修复后的设备绝缘性能达到规定要求,需要经常测量其绝缘电阻。

1. 使用方法

1)兆欧表的接线

(1)兆欧表有三个接线端钮,分别标有 L(线路)、E(接地)和 G(屏蔽),如图 8-2-7 所示。

(2)当测量电力设备对地的绝缘电阻时,应将 L 接到被测设备上,E 可靠接地即可。

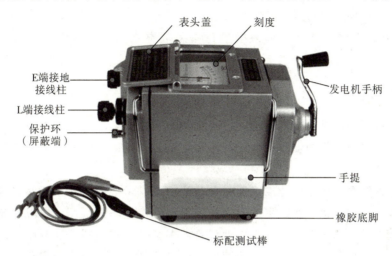

图 8-2-7 兆欧表

2)兆欧表的检测

(1)开路试验:在兆欧表未接通被测电阻之前,摇动手柄使发电机达到 120 r/min 的额定转速,观察指针是否指在标度尺"∞"的位置。

(2)短路试验:将端钮 L 和 E 短接,缓慢摇动手柄,观察指针是否指在标度尺的"0"位置。

兆欧表检测如图 8-2-8 所示。

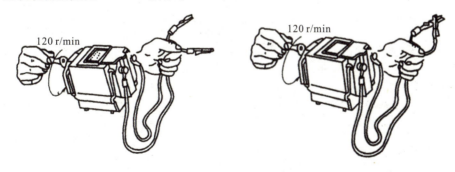

图 8-2-8 兆欧表检测示意图

2. 使用注意事项

(1) 观测被测设备和线路是否在停电的状态下进行测量。并且兆欧表与被测设备间的连接导线不能用双股绝缘线或绞线，应用单股线分开单独连接。

(2) 将被测设备与兆欧表正确接线。摇动手柄时应由慢渐快至额定转速 120 r/min。

(3) 正确读取被测绝缘电阻值大小。同时，还应记录测量时的温度、湿度、被测设备的状况等，以便于分析测量结果。

(4) 兆欧表未停止转动之前或被测设备未放电之前，严禁用手触及，防止人身触电。

四、内阻测试仪

目前，内阻的测试已被广泛应用于电池的日常维护，取代过去的电压检查法。因为内阻是反映电池内部的参数，电池的内阻已被公认是准确而快速地判断电池健康状况的重要参数。

蓄电池内阻测试仪是快速准确测量电池运行状态参数的，数字存储式多功能便携式测试仪器。该仪表通过在线测试，能显示并记录多组电池电压、内阻、连接条电阻等电池重要参数，精确有效地判别电池优良状况，并可与计算机及专用电池数据分析软件一起构成智能测试设备，进一步跟踪电池的衰变趋势，并提前报警，以利于工程技术及管理人员酌情处理。蓄电池内阻测试仪如图 8-2-9 所示。

内阻测试仪
使用方法

图 8-2-9　蓄电池内阻测试仪

1. 基本性能

1) 主要功能

(1) 在线测量电池的电压、内阻等参数。

(2) 电池内阻、电压超限报警。

(3) 电池参数全部按分组编号，便于数据管理。

(4)配套强大的计算机电池状态智能分析软件,实现电池的"病历"跟踪分析。

2)主要特点

(1)高精度在线测试,全自动量程转换,大容量数据存储。

(2)仪表在 0.000 mΩ～99.999 mΩ 测量范围自动转换量程。

(3)可永久存储 999 组电池参数(每组最多 500 节电池)。可永久存储 200 组电池组设置参数。

(4)菜单操作,320 * 240 汉字液晶显示。

(5)通过 USB(或 RS232)接口,将测试数据永久存储在 PC 机上,实现电池的"病历"跟踪分析。

(6)强大的数据管理功能,使仪表可脱离计算机单独使用。

(7)增强的过压保护功能,使仪器工作更安全可靠。

(8)自恢复过流保护功能,使仪器使用更方便,使用最新的 SOC 芯片,使电路大大简化,提高仪表可靠性。

(9)大容量锂电池与适配器两套电源供电,方便用户。

(10)电池欠压智能提示,确保测试精度。

(11)体积小,重量轻,自动测试模式方便用户测量。

(12)完善的 PC 机测试数据分析管理软件,自动分析判断电池的劣化状态。

(13)形成历史记录库,描述电池状态曲线,同组电池对比分析,所有电池分级管理(优良中差)。

2. 使用方法

测量单节电池的状态,包括电压、内阻、电池容量。测量数据顺序存储,可查询。

(1)按电源开关打开测试仪。

(2)将电池夹连接到电池上,注意极性。

(3)按确认键进入主菜单。

(4)按数字键,选择单节测量。

(5)输入存储序号,如不输入,用[Enter]键使序号较前一次自动增加。

(6)按[←][→]键选择电池类型后(按[↑]和[↓]键可以根据电压等级来挑选电池类型),按[Enter]键进行测试。

说明:如果连接错误,电压将显示负值。出现紧急情况时,立即拆除电池引线停止测试;非紧急情况下可按电源开关关闭主机。

(7)测试仪显示测试结果。

(8)按[Enter]键,测试仪保存测量数据,并开始下一个测量。或者按[Esc]键,不保存测试结果。

3. 使用注意事项

(1)内阻测试仪是一部精密电子仪器,不要随便改动内部电路,以免损坏。

(2)测试笔不要接到电压高于 50 V 直流电压上,不可接到交流电压上或电源上。

(3)仪器后盖未完全盖好时切勿使用。

(4)更换电池须在拔出表笔及关闭电源后进行,轻轻地稍微按下并后推电池盖即可取下电池盖,按说明的规格要求换电池。

(5)请用户严格按照本说明书操作,严禁违规或野蛮操作。

(6)产品贮存中应注意防潮、防火。

五、可调稳压电源

可调直流稳压电源是采用当前国际先进的高频调制技术,其工作原理是将开关电源的电压和电流展宽,实现了电压和电流的大范围调节,同时扩大了目前直流电源供应器的应用。与传统电源相比高频直流电源具有体积小、重量轻、效率高等优点,同时也为大功率直流电源减小体积创造了条件,此电源又称高频可调式开关电源。可调直流稳压电源保护功能齐全,过压、过流点可连续设置并可预视,输出电压可通过触控开关控制。

稳压电源为恒压(CV)、恒流(CC),输出电压 0~30 V 可调,输出负载电流 0~3A 可调,工作特性为恒压/恒流自动转换性,能随负载的变化在恒压与恒流状态之间连续转变,恒压与恒流方式之间的交点称为转换点。利用恒流特性对可充电池进行充电很方便。

可调稳压电源仪器如图 8-2-10 所示。

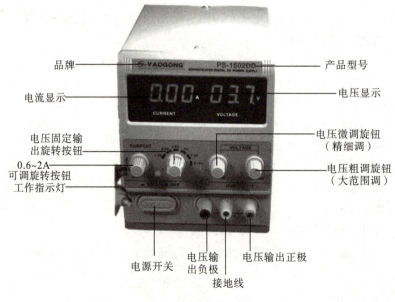

图 8-2-10 稳压电源

可调稳压电源仪器的操作方法：使用前必须对仪器进行限流标定，开机后将电压调节到需要的电压值，再将电源调节旋钮旋到恒流(CC)指示灯亮，则表示该机已处于恒流状态。将一个短路线暂时短路电源输出的＋、－端子，调节电流旋钮到电流限定值，设定完毕后勿改变电流旋钮位置，拆除短路线，即可进入工作状态。

六、钳形表

电工常用的钳形电流表，简称钳形表，可在不断电的情况下测量电流，如图 8-2-11 所示。

图 8-2-11　钳形表

1. 使用方法

1)测量电阻

(1)测量电阻时，将钳形表的表笔分别插入表笔插孔中，红表笔插入"VΩ"端口，黑表笔插入公共端"COM"端口。

(2)将钳形表的量程调整至测量电阻挡。

(3)将钳形表的红、黑表笔分别连接在电阻器两端，此时即可检测该电阻器的电阻值，根据液晶显示屏的显示数值读数，得出电阻值。

2)测量电流

使用钳形表检测电源线上流过的电流时，电源线的地线、零线和火线不能同时测量，只能将电源线中的火线(或零线)单独放在钳形表的钳口内，方可检测出电源线上流过的电流。

3)测量交流电压

(1)测量交流电压时，将钳形表的表笔分别插入表笔插孔中，红表笔插入"VΩ"端口,黑表笔插入公共端"COM"端口。

(2)使用钳形表检测电压时,其方法与数字万用表相同,将钳形表并联接入被测电路中,并且在检测交流电压时,不用区分电压的正负极。

4)测量直流电压

在使用钳形表测量直流电压时,将钳形表的量程调整至直流电压挡,并且在检测时需要考虑电压的正负极之分,即红表笔(正极)连接电路中的正极端,黑表笔(负极)连接负极端。

2. 使用注意事项

(1)被测线路的电压要低于钳形表的额定电压。

(2)测高压线路的电流时,要戴绝缘手套,穿绝缘鞋,站在绝缘垫上。

(3)钳口要闭合紧密不能带电换量程。

(4)当电缆有一相接地时,严禁测量。防止出现因电缆头的绝缘水平低发生对地击穿爆炸,危及人身安全。

七、红光笔

红光笔又叫作通光笔、笔式红光源、可见光检测笔、光纤故障检测器、光纤故障定位仪等,多数用于检测光纤断点,按其最短检测距离划分为:5 km、10 km、15 km、20 km、25 km、30 km、35 km、40 km 等。通过恒流源驱动发射出稳定的红光,与光接口连接进入光纤,从而实现光纤故障检测功能。如图 8-2-12 为红光笔外观图。

图 8-2-12 红光笔外观图

1. 基本功能

(1)检测光纤连通性及光纤断裂、弯曲等故障定位。

(2)光时域反射仪盲区内故障检查。

(3)端到端光纤识别。

(4)机械接续点优化。

2. 应用场景

(1)电信、有线电视工程与维护。

(2)综合布线施工与维护。

(3) 光器件生产与研究。
(4) 通信行业的光缆检测。
(5) 其他光纤工程。

3. 使用方法
(1) 打开红光笔后盖，将准备好的电池装入电池槽（注意电池正负极）。
(2) 将防尘盖打开，将被测光纤接头插入红光笔接头。
(3) 按下按钮，激活灯光，可使用常亮或闪烁光进行指示。
(4) 观察光纤另一端是否出现常亮光或闪烁光。
(5) 用完后，关闭光源，盖上防尘盖，并取出电池。
(6) 将红光笔放入收纳箱。

项目九
自动售检票系统实训

项目概述

本章为自动售检票系统的实训内容，根据自动售检票系统检修岗位职责要求，共设计了六项实训任务。通过完成实训任务，能够进一步加深对自动售检票系统车站相关设备的了解。

学习目标

1. 知识目标
(1)掌握自动售检票系统的车站级设备的种类和机构。
(2)掌握紧急系统的工作原理和紧急演练内容。
(3)掌握自动检票机的结构和工作原理。
2. 能力目标
(1)能够认识自动售检票系统车站级设备。
(2)能够完成自动售检票机常用模块的硬件拆装和调试。
(3)能够完成自动售检票紧急系统演练工作和故障排查。
3. 素质目标
(1)提高动手操作能力和团队协作能力。
(2)增强操作设备时的安全意识。

城市轨道交通**自动售检票系统**

 知识体系

```
                        ┌── 车站终端设备认知
                        ├── 自动售票机结构认知
                        ├── 自动检票机结构认知
        自动售检票系统实训 ──┤
                        ├── 紧急系统应急演练
                        ├── 紧急系统故障处理
                        └── 扇门模块拆装与调试
```

 思政课堂

  习近平在致首届大国工匠创新交流大会的贺信中强调："我国工人阶级和广大劳动群众要大力弘扬劳模精神、劳动精神、工匠精神，适应当今世界科技革命和产业变革的需要，勤学苦练、深入钻研、勇于创新、敢为人先，不断提高技术技能水平，为推动高质量发展、实施制造强国战略、全面建设社会主义现代化国家贡献智慧和力量。"

  "心心在一艺，其艺必工；心心在一职，其职必举。"AFC 系统作为机械和自动化控制统一融合的系统，既有机电设备的特性，又有弱电设备的特点。所以兼有劳动密集型和智能检测型维护两个特征。AFC 系统的发展之路是追寻机械化变得智能化的过程，不断地在发展中创新，在创新中发展。

  随着国内移动互联网的蓬勃发展，我国已开始从高速发展向高质量发展进行转变，城市轨道交通也成为满足大众出行的最主要方式。作为面向乘客的服务系统，传统自动售检票系统的应用已不能完全满足日常所需，一方面是现金购票导致繁重的清点工作，单程票的回收处理；另一方面是现金操作涉及找零问题，上下班早晚高峰期或旅游节假日的购票充值排队拥挤，不但浪费出行时间，而且极大地影响乘客心态。伴随"互联网＋"思维的衍生，AFC 系统从架构体系、设备模块部件、服务平台等都发生了变化，人脸识别和移动支付所形成的电子虚拟票卡开始大规模应用，逐步提升了服务质量。

实训任务一　车站终端设备认知

实训目的

(1) 掌握车站终端设备的种类。
(2) 掌握车站终端设备的作用。
(3) 掌握车站终端设备的安装位置和数量及分布特点。
(4) 培养观察、分析和总结能力。
(5) 提高自学能力和团队协作能力。

实训步骤

(1) 到地铁车站实地调研和观察 AFC 车站终端设备的情况，分析不同车站的终端设备的安装和分布情况有什么区别。
(2) 记录各车站终端设备的不同种类、特点、分布情况等。
(3) 选取某地铁车站(标准站)，绘制车站站厅示意图，并标注车站终端设备的分布图和数量，并标明每种终端设备的类型。

考核评价

(1) 能够正确描述所调研车站的闸机、自动售票机、半自动售票机、自动票务处理机的名称和分类。
(2) 能够正确描述车站终端设备的分布情况。

城市轨道交通**自动售检票系统**

实训任务二　自动售票机结构认知

实训目的

(1)掌握自动售票机各结构和模块的名称、功能。
(2)能够正确启动自动售票机。
(3)能够正确打开自动售票机的前后维修门。
(4)能够正确检查自动售票机各模块的工作状态。
(5)能够正确安装和更换票箱、币箱。
(6)培养观察、分析和总结能力。
(7)提高自学能力和团队协作能力。

实训步骤

(1)指认自动售票机各模块和结构的名称并说出其功能。
(2)给自动售票机通电并启动自动售票机。
(3)确认自动售票机的工作状态,并打开其前后维修门。
(4)确认和检查自动售票机及其各模块的工作状态。
(5)拆卸并更换自送售票机内部的票箱和币箱。

考核评价

(1)正确指认自动售票机各模块和结构的名称并说出其功能,指认或描述错误的不得分。
(2)正确启动自动售票机得满分,否则得零分。
(3)正确打开前后维修门得满分,否则该项不得分。
(4)检查各功能模块的工作状态,确认无误得满分,未检查到位该项不得分。
(5)能够正确更换票箱等满分,否则得零分。
(6)能够正确更换硬币回收箱得满分,否则得零分。
(7)能够正确更换硬币补币箱得满分,否则得零分。
(8)能正确更换纸币回收箱得满分,否则得零分。
(9)能够正确更换纸币找零箱得满分,否则得零分。

实训任务三　自动检票机结构认知

实训目的

(1)掌握自动检票机各结构和模块的名称、功能。
(2)能够正确启动自动检票机。
(3)能够正确打开自动检票机的各方向维修门。
(4)能够正确检查自动检票机各模块的工作状态。
(5)能够正确安装和更换票箱。
(6)培养学生的观察、分析和总结能力。
(7)提高学生的自学能力和团队协作能力。

实训步骤

(1)指认自动检票机各模块和结构的名称并说出其功能。
(2)给自动检票机通电并启动自动售票机。
(3)确认自动检票机的工作状态,并打开其前后维修门。
(4)确认和检查自动检票机及其各模块的工作状态。
(5)拆卸并更换自送检票机内部的票箱。

考核评价

(1)正确指认自动检票机各模块和结构的名称并说出其功能,指认或描述错误的不得分。
(2)正确启动自动检票机得满分,否则得零分。
(3)正确打开各方向维修门得满分,否则该项不得分。
(4)检查各功能模块的工作状态,确认无误得满分,未检查到位该项不得分。
(5)能够正确更换票箱得满分,否则得零分。

实训任务四　紧急系统应急演练

实训目的

(1) 掌握自动售检票紧急系统的基本工作原理。
(2) 掌握自动售检票紧急系统设备的基本情况。
(3) 能够正确使用IBP盘紧急按钮启动紧急状态。
(4) 能够正确使用车站工作站下发紧急信号。
(5) 能够正确对紧急系统进行复位。
(6) 培养观察、分析和总结能力。
(7) 提高自学能力和团队协作能力。

实训步骤

(1) 指认自动售检票紧急系统各设备的名称并说出其功能。
(2) 能说出自动售检票紧急系统的基本工作原理和紧急信号的来源。
(3) 操作IBP盘紧急按钮，启动车站紧急模式。
(4) 复位IBP盘紧急按钮，复位紧急系统。
(5) 操作车站工作站下发紧急信号，启动车站紧急模式。
(6) 复位车站紧急系统。

考核评价

(1) 正确指认自动售检票紧急系统各设备的名称并说出其功能，指认或描述错误的不得分。
(2) 正确说出自动售检票紧急系统的基本工作原理和紧急信号的来源得满分，否则得零分。
(3) 正确操作IBP盘紧急按钮，启动车站紧急模式得满分，否则该项不得分。
(4) 正确复位IBP盘紧急按钮，解除车站紧急模式得满分，否则该项不得分。
(5) 正确操作车站工作站下发紧急信号，启动车站紧急模式得满分，否则该项不得分。
(6) 正确解除紧急模式得满分，否则该项不得分。

实训任务五　紧急系统故障处理

实训目的

(1)掌握自动售检票紧急系统的基本工作原理。
(2)掌握自动售检票紧急系统故障的基本处置方法。
(3)能够根据故障现象正确判断故障位置。
(4)能够正确使用工具检查紧急系统线路。
(5)能够正确对紧急系统故障进行检修。
(6)培养观察、分析和总结能力。
(7)提高自学能力和团队协作能力。

实训步骤

(1)查看紧急系统故障的现象并进行记录。
(2)查看闸机是否断电,并查看闸机工作状态。
(3)隔离紧急系统故障(先通后复),恢复闸机正常运行。
(4)检查 IBP 盘紧急按钮和紧急指示灯状态。
(5)检查紧急控制盒工作状态和紧急指示灯状态。
(6)测量紧急按钮接线是否短路。
(7)测量紧急控制盒输入输出线路是否短路。
(8)对发现故障点进行修复。

考核评价

(1)正确识别故障现象得满分,识别错误的不得分。
(2)正确操作进行"先通后复"得满分,否则得零分。
(3)正确排查 IBP 盘紧急按钮接线的得满分,否则该项不得分。
(4)正确排查紧急控制盒接线的得满分,否则该项不得分。
(5)正确排除故障的得满分,否则该项不得分。
(6)排除故障后恢复设备接线的得满分,否则该项不得分。

城市轨道交通**自动售检票系统**

实训任务六　扇门模块拆装与调试

实训目的

(1)掌握扇门模块的基本结构和功能。
(2)掌握扇门模块各接线端子的接线和作用。
(3)能够正确拆除扇门模块各连接线。
(4)能够正确拆除扇门模块。
(5)能够正确拆除扇门机构并检查其磨损情况。
(6)能够正确对扇门机构进行保养和维护。
(7)能够正确对扇门机构进行安装和调试。
(8)培养观察、分析和总结能力。
(9)提高自学能力和团队协作能力。

实训步骤

(1)扇门模块上电并确认功能。
(2)关闭自动检票机电源,确认扇门模块电源断开。
(3)拆除扇门模块各连接线组。
(4)拆除扇门模块底座安装螺栓,并妥善放置扇门模块。
(5)拆卸扇门机构,并对各组件、零件进行保养。
(6)重新将扇门模块各零件进行组装。
(7)将扇门模块重新装回自动检票机并恢复接线。
(8)测试扇门模块功能是否完好。

考核评价

(1)正确指认扇门模块各结构的名称并说出其功能,指认或描述错误的不得分。
(2)正确拆解扇门模块得满分,否则得零分。
(3)正确对扇门模块进行保养得满分,否则该项不得分。
(4)正确安装扇门机构和模块得满分,否则该项不得分。
(5)正确恢复扇门模块各线组得满分,否则该项不得分。
(6)正确恢复扇门模块功能满分,否则得零分。

附录一
术语与缩写解释

缩写	英文全称	中文名称
ACC	AFC Central Clearing System	清分中心系统
AFC	Automatic Fare Collection	自动售检票
AGM	Automatic Gate Machine	自动检票机
ANCC	AFC Network Control Center	自动售检票线网管理中心
BOM	Booking Office Machine	半自动售票机
COCC	Consolidated Operating Control Center	线网控制中心
CPU	Central Processing Unit	中央处理器
E/S	Encoder and Sorter	编码分拣机
EB	Emergency Button	紧急按钮
ECU	Electronic Control Unit	主控制单元
eSTM	Enhanced Self-service Ticketing Machine	自助票务处理机
eTVM	Enhanced Ticket Vending Machine	自动售票机
ITP	Intelligent Ticket Platform	智能乘车综合业务管理平台
LC	Line Central Computer System	线路中央计算机系统
MCBF	Mean-cycles Between Failure	平均无故障次数
MLC	Multiple LC	多线共用线路中央计算机系统
MTBF	Mean Time Between Failure	平均无故障时间
MTTR	Mean Time to Repair	平均故障恢复维修时间
NMS	Network Management System	网络管理系统
NTP	Network Time Protocol	网络时间协议
OCC	Operating Control Center	运行控制中心
PCA	Portable Card Analyzer	便携式检验票机

续表

缩写	英文全称	中文名称
RAM	Random Access Memory	随机存取存储器
ROM	Read-only Memory	只读存储器
SC	Station Computer System	车站计算机系统
SLE	Station Level Equipment	车站现场设备
STM	Self-service Ticketing Machine	自助票务处理机
TPU	Ticket Processing Unit	票卡读写器
TVM	Ticket Vending Machine	自动售票机
UPS	Uninterruptible Power System	不间断电源